ありえへん京阪神

それでも愛される、
京都・大阪・神戸の〝けったい〟な面々

矢野新一

ワニブックス
|PLUS|新書

はじめに

なぜ、こんなに東と西で違うのか。

関西弁で言えば「なんでこないにちゃうんやろか？」というぐらい、東京を代表とする東の文化と京阪神《けいはんしん》を代表とする西の文化は違います。

さらに言えば、東の人はその違いをときには話のネタにしたり、真剣に論じたりするのですが、西の人、つまり京阪神の人は「そんなん、別に知らんし」と、自分たちの文化が当たり前で、ことさらそのことを気にするというふうでもありません。

そこがまさに、今回の本のテーマでもある「ありえへん」「けったいな」ところ。「けったい」というのは関西の中でも特に大阪で使われる表現ですが、「なんとも言い難い奇妙な」「ちょっと変わってる」というニュアンスです。

例えば、常人とは違う考えや行動をする人に対して「あんた、けったいな人やなぁ」と言ったり、腑に落ちない出来事を聞かされて「そんなけったいな話あるかいな」と返したりするのです。

「ありえへん」と言えば、東と西で周波数が異なる電気もその一つ。日本の商用電源周波数、家庭用の電気は交流方式で電気の流れる方向が一秒間に何十回も変化しています。この流れの変わる回数を周波数（Hz：ヘルツ）と言います。

日本では、おおよそ糸魚川《いとい がわ》静岡構造線に沿って、東側は50ヘルツ、西側は60ヘルツの電気が送られています。実は、世界広しと言えども、一つの国の中で50ヘルツと60ヘルツの2種類の異なる周波数の電気が使われているのは日本だけなのです。

周波数に適合していない家電製品を使うと、ものによっては故障や事故の元ですから、昔は家電製品を買うときは製品をひっくり返してヘルツのチェックをしていたものです。今ではほとんどの家電が50ヘルツ/60ヘルツのどちらにも対応した周波数フリーですから、それほど心配はいらないのですが……。

いったい、なぜそんな「ありえへん」ことになっているのか。当時、東京電燈（現在の東京電力）はドイツから発電機を輸入していました。これが50ヘルツの発電機だったのです。一方、大阪電燈や名古屋電燈（現在の関西電力、中部電力）などの電力会社はアメリカから60ヘルツの発電機を輸入していました。その違いが現在に至るまで続いているというわけです。

当初は、125ヘルツや80ヘルツ、60ヘルツといった、いろいろな周波数が導入されていましたが、西日本では次第に60ヘルツに収束していきました。大正の初め、当時の逓信省《ていしんしょう》（現在の総務省、日本郵政、NTTは逓信省の後身に相当する）が音頭をとって50ヘルツへの統一を図ったのですが、見送られてしまいました。また、第二次世界大戦中にも50ヘルツへ統一しようとしたのですが、「非常時にそのような作業をやる余裕はない」ということで実現しなかったのです。

逆に、戦後、アメリカに合わせて60ヘルツにしようという動きがあったのですが、これまた見送られました（東京電力「電気の史料館」元館長・田中秀雄氏による）。世界的には50ヘルツが圧倒的に多く、60ヘルツはアメリカ、カナダ、メキシコ、ブラジル、アジアでは韓国、フィリピンぐらいしかありません。わが国において周波数が統一出来なかったのは、西、それも関西が政府の言うことを聞かなかったということが大きいようです。東京と京阪神、官の関東と民の関西の違いが、ここにも表れています。

とは言え、京阪神の人にしてみたら「そんなん、どうでもええやん」ということになるのでしょう。

東京との違いは気にしない京阪神の人たちですが、自分たちの地域、つまり京都・大阪・神戸＝京阪神の違いについてはかなり気にします。例えば、他地域の人が京都人に「やっぱりみんな面白いこと普段から言ったり、わざとボケたりするんですか？」などと言おうものなら「大阪と一緒にせんといてな。かなんわ」と言うでしょう。

またファッション感覚もそれぞれ独特です。東京の人は、流行りのものをみんなと同じように着ることをおしゃれと感じる傾向がありますが、大阪や神戸の人は「ありえへん」と言います。

万一、知り合いの誰かと服が被《かぶ》ったりしたら「最悪！　着替えて来るわ」と、冗談ではなく本気でそう思うのです。

東の場合、東京とその周辺の埼玉や千葉、神奈川の人たちがそこまで地域性を意識したり、他と同じように見られることを拒絶したりするかと言うと、そんなことはないでしょう。むしろ首都圏として一括《ひとくく》りにされることに好感を持つかもしれません。

テレビの地域情報番組もＮＨＫの場合、京阪神では各府県それぞれの局で独自のニュース番組を持っていますが、首都圏では東京、千葉、埼玉、神奈川などの各局単位での独自ニュース番組などは基本的になく「首都圏ニュース」などの括りで放送され、特段、それに対する不満も聞かれません。

京阪神という呼び名は浸透しているにもかかわらず、一つの大きな括りにされることには抵抗がある「けったいな」京阪神。私も県民性について長年、さまざまな角度から取り上げてきましたが、未だ、その実態はどこか雲をつかむような感覚もあり、それがまた京阪神の魅力でもあります。

この本では、そんな京阪神の独特の県民性、文化、感覚などをランキングなども踏まえてあらためて検証しながら、どのようにして京阪神が育《はぐく》まれたのか、さまざまな分野でフラット化が進む日本の中で京阪神は今後どうなるのかを予測していきます。

「けったい」は占い（易）に使われた卦木《かぼく》の形や、占いの結果（卦体《けたい》）から来ているとも言われています。けったいな京阪神を探ることで、どんな不思議な世界が見えて来るのでしょうか？

目次

第2章　病みつき必至!?　京阪神の食生活……37

第4章　京阪神を丸裸にする！

第1章　京阪神の定義と歴史

そもそも京阪神ってどこのこと？

東では東京を中心とする「首都圏」「関東」という呼び方がありますが、地元の人は自分が住む都県の名前を使うことはあっても、「首都圏」「関東」の括りをあまり意識しないのが実情です。それに対し、西では「京阪神」「関西」「近畿」と3つの呼び方があり、その使い分けもややこしいのです。

そこで、京阪神の定義に入る前に、まずは関西と近畿について触れておきましょう。

関西は、関東に対しての名称で、大阪府・京都府・兵庫県・滋賀県・奈良県・和歌山県の2府4県を指します。

ちなみに三重県を関西だと思っている人がいますが、商流や物流は愛三岐《あいさんぎ》（愛知、三重、岐阜）の東海3県になっているので、関西に入れるのは微妙なところでしょう。

関東では基本的に、どこに属するかで悩む都県はないので、こんなところからも京阪神を含む関西のややこしさがにじみ出ています。

続いて近畿の「畿」とは天子のいる都＝京都のこと。

つまり近畿とは都に近接する山城国《やましろのくに》、大和国《やまとのくに》、摂津国《せっつのくに》、河内国《かわちのくに》、和泉国《いずみのくに》の5つの国のエリア（五畿）を指す呼び方になります。

現在の「近畿」とは畿内に接した国のことですから、五畿より広くなります。京都府、大阪府、奈良県、滋賀県、兵庫県、和歌山県の2府4県と場合によっては三重県を加えた5県が近畿ということです。

では「関西」と「近畿」の使い分けはどうなっているのか。どちらも基本的に同じ2府4県を指すのですが、どちらかと言えば、民間では関西という呼称を使うことが多いようです。

関西大学、関西テレビ、関西国際空港、○○会社関西支店などの名称は馴染みがありますね。それに対して行政の場合は、近畿経済産業局、近畿農政局、近畿地方整備局など近畿を使うことが多いかもしれません。YAHOO！の検索結果で見ると「関西」はおよそ3億件ヒットし、「近畿」は1億件でした。

そして本書のテーマである京阪神。言うまでもなく、京都市、大阪市、神戸市から一字ずつとったものですが、よくよく考えてみると凄い呼称であることがわかります。なにしろ京都は京と都でともに「みやこ」、大阪は大きい坂（そのわりに坂は少ないですが）、神戸は神の戸ですから。

京の着倒れ、大阪の食い倒れ、神戸の履き倒れの謎

この見出しこそまさに、京阪神の特性をよく表していると言えるでしょう。京都の人は着るものにお金をかけ、大阪の人は食べるものにお金をかけ、神戸の人は履物（靴）にお金をかける。これが進むと身上《しんしょう》を潰すことになります。

京都人は都の時代から受け継ぐプライドもあって、着るものにこだわる方が多いように思います。人と同じものは嫌なせいか、派手な格好をした方も見かけます。

マーケティングの世界では「京都の着倒れはマーケティング」だとも言われています。これは京都の人は一見派手に見えても、着物を安く買えるルートをちゃんと持っているので、身上を潰すことはありません。つまり「京都の着倒れ」は京都の着物のＰＲだというのです。

「大阪の食い倒れ」は、さらに不思議です。もともと大阪の人が好んで食べる「粉《こな》もん」は決して高いものではありません。どちらかと言うとB級グルメに属するような、お好み焼きやたこ焼きを食べても身上を潰すことはないはず。どうやら「大阪の食い倒れ」は、大阪が〝天下の台所〟と呼ばれ全国からうまいものが集まり、その上、堺《さかい》の鍛《か》冶《じ》職人が質のいい包丁などの調理器具を製作し、船場《せんば》の商人がそうしてつくられた料理をいろんな機会に食べたことで大阪の食文化が発展したことも関係しているようです。

「神戸の履き倒れ」は、神戸開港後、居留地に住む外国人の靴を修理・新調するために、それまで草履《ぞうり》や下駄をつくっていた職人が靴をつくり始めたのがきっかけ。元々器用で腕の良かった職人がつくる西洋靴は技術と品質の良さが認められ「神戸の履き倒れ」として、全国にその名が広がっていきました。

また、戦後になると、軍需品だったゴム工業が転業したことで、塩化ビニールを素材とするケミカルシューズが誕生しました。素材の開発や優れた製法技術・デザインなどを武器に、神戸のケミカルシューズは大きく発展。長田《ながた》区・須磨《すま》区南部には、多くの靴メーカーが集積しており、ファッション性・機能性豊かな製品が生み出されています。

現在も日本製の婦人靴の多くは神戸でつくられていると言われており、これら産業の取り組みにより、神戸は、靴のまちとして知られるようになっているのだそうです。

また、こんな言葉もあります。**「学は京都、稼ぐ大阪、住むのは神戸」**または**「京都に学び、神戸に住み、大阪で働く」**。京都の「学」は京都大学をはじめ大学が多い学びの都だからでしょう。国公立大学は京都大学を筆頭に7校、私立大学は24校、合わせて31校もあるのです。ちなみに、大阪市は国公立大学が2校、私立大学が12校で合計14校。神戸市は国公立は4校、私立は17校で合計21校。

大阪の大学の少なさが目立ちますが、昔から「金儲けするのに上の学校へ行く必要なんかない」という、大阪商人の考え方が根底にあるためなのかもしれません。

京都10代、東京3代、大阪1代

これは、他県から来た人が、それぞれの土地の人間になりきるまでにかかる時間を表しています。京都の場合は、向こう3軒両隣の人があちらから朝夕の挨拶をしてくれるようになるまで10代かかるとか。

ご近所付き合いのハードルの高さという点で似ているのが山形県の鶴岡《つるおか》市です。江戸時代には庄内藩の城下町として栄えた鶴岡市でも、昔ほどではないですが、簡単にはご近所に入っていけません。地元の家の敷居をまたぐ（その家に出入りする）には何回もお邪魔して、ようやく敷居をまたぐことが許されると言います。

さらには自宅に隣の甲《こう》の家の枝が伸びて来た場合は、甲の家ではなく逆の隣の乙《おつ》の家の人に「自宅に甲の家の枝が入って来て」という話をします。すると、乙の家の人は隣の丙《へい》の家の人に枝の話をします。丙の家の人はお隣の丁《てい》の家の人に話をして、さらに……と逆回りで伝わっていくために、最終的には枝の話が通じるのに8年もかかると言います。京都より凄いかもしれません。

京阪神とは遠く離れた鶴岡ですが、江戸時代にはお隣の酒田《さかた》港が「西の堺、東の酒田」と呼ばれるほど西廻《まわ》り航路によって栄え、今にも伝わるさまざまな京文化が入って来たということですから、どこかで影響を受けているのかもしれませんね。

江戸、現在の東京は3代続いたら土地の人間になると言われます。江戸時代、地方から多くの人が入って来たのですが、本人はなんとかなっても、子どもや孫は江戸で生活出来なかったことも多く、3代も続くのは凄いという尊敬の目で「3代」と言ったという説もあります。

それに対し大阪は、1代ですぐなりきることが出来、〝大阪人〟と認められます。開放的な大阪と排他的な京都の違いがはっきりと出ているようです。

「東男《あずまおとこ》に京女《きょうおんな》」（あるいは「京女に江戸男」）という言葉もあります。男らしく粋《いき》なのは江戸っ子で、美しくて女らしいのは京女だから、理想的な組み合わせということになっていますが、実際には文化の隔たりから来る行き違いがかなり多いのではないでしょうか。京都の着倒れがマーケティング的に使われているように「京女」というイメージ戦略が浸透しているだけのような気もします。

逆に「東女に京男」は明らかに水と油。関東の女性は現実的で性格もキツイ傾向がありますし、京男はプライドが高くあまりイエス・ノーを表に出さない性格。どうもうまくいく感じがしません。

京都・大阪・神戸それぞれの名前の由来

「京」は古来から災害が少なく人や物資が集積する高い場所、「都」は人が集まるという意を持ち、ともに「ミヤコ」を指す言葉。この2文字で日本の中心地である都、すなわち京都と呼ばれてきました。

幕末までは、「京都」のほかに京《きょう》、京師《けいし》、洛中《らくちゅう》など、いろいろな言い方があったようです。

「大阪」は明応《めいおう》年間（1492年から1501年までの期間）頃から浄土真宗本願寺派の中興《ちゅうこう》の祖《そ》と言われる蓮如聖人《れんにょしょうにん》が京都の山科《やましな》から本願寺を現在の大阪城のあたりに移し、聖人の『御文章《ごぶんしょう》』に「大坂」という地名が使われたことに由来しているとされます。

「神戸」は平安時代中期につくられた辞書である『和名抄《わみょうしょう》』に八部《やたべ》郡神戸郷《きょう》の記載があります。生田《いくた》神社の封戸《ふこ》＝神戸説がありますが、神戸は国に一括して属したもので、いち生田神社に属したものではありません。神社は生田郷から神戸郷への移座があったと言われています。神戸郷の集落はのちに西国《さいごく》街道沿いに神戸村を形成し、幕末の「兵庫開港」はそのお隣で行われました。

この京都市、大阪市、神戸市の3市は地理的につながってはいませんが、**京都市も神戸市も大阪市役所から30㎞地点にあるのです。**実は、この30㎞のラインは首都圏にもあります。東京を中心にした首都圏を見たとき、皇居から30㎞の円を引くと、千葉市、さいたま市、横浜市がきれいに入ります。

西の「京阪神」に対し、東の「千葉、埼玉、神奈川」は同じような位置関係にありながら「千埼神」とは呼ばれないのが面白いところ。ちなみに京阪神にはその名もずばり「京阪神エルマガジン社」という『SAVVY』『Meets Regional』などの情報誌を発行している出版社があり、ご当地ではかなり影響力を持っています。京阪神はやはり呼称の上でも独自の存在感があるわけです。

関西共和国とそれぞれの生きざま

「東京帝国」「関西共和国」という言葉を聞いたことはあるでしょうか？　都市の成り

立ちを考える上で、この2つの言葉はそれぞれの都市の性格をよく表しています。

言うまでもなく東京は日本の首都であり、政治・経済・文化の中心として、人口、産業、公私の事業所、大学、路線などが集中し、それに伴って土地利用が高密度に行われています。

第二次世界大戦により焼失した東京の復興を図るために、「首都建設法」（1950年）が公布されましたが、その後も人口集中が激しく市街の過密化が進んだために「首都圏整備法」（1956年）を公布して、大ロンドン計画に学んだ総合計画を樹立しました。地域区分としては、東京区部、川崎市、横浜市などの既成市街地を幅5～10kmの緑地帯で囲み、市街の膨張を抑え、緑地帯の外に住宅、工場などの開発地区を計画したのです。

東京周辺の地域は江戸時代から「江戸では何が流行っているのか？」という軸で暮らして来ました。常に将軍のいる江戸を見ていたわけです。東京が兄なら周りは弟、君主は東京なので、「東京帝国」と言います。

それに対して関西は、君主というものが存在しません。大阪が弱いのか、いやいや京都、神戸にそれぞれ歴史や個性があって強いのかもしれません。そのため関西は「関西共和国」だというわけです。共和制とは君主が存在せず国民全体によって国家が所有されている国家形態を指します。とは言え、実質的に権力者が存在しているものの、国名としては共和国を名乗る国も多いのですが。

そもそも関西は判官贔屓《びいき》の土地柄もあり、東京のような〝君主〟の存在をどちらかと言えば嫌うため、関西共和国と言われているのです。例えるなら東京のある首都圏は君主国（イギリス、スペイン、デンマーク、ベルギー、カナダ、オーストラリアなど）で、関西は共和国（トルコ、イタリア、ロシア、中国、韓国など）なのです。

また別の表現では**「京都は過去に生き、東京は現代に生き、神戸は未来に生き、大阪は今日の夕方まで生きる」**という言葉があります。

東京の「現代に生き」は、東京は日本の中心として今を生きているということ。過去を振り返るほどの余裕もないし、かと言って将来を考える暇もなく、必死になって生きているのです。

神戸は常に先のことを考えています。バブル時代、私が神戸市にある銀行の社内研修に行ったときのこと。新しいビルがやけに天井が高かったので聞いたところ、神戸市役所から神戸で建物をつくる場合は、「なるべく高い建物にしなさい」と言われたのだというのです。

京都の「過去に生き」というのは、地名を変更することなど考えたことがなく、相変わらず上《あが》ル下《さが》ルなど、過去を大事にしているところから来ています。別の見方をすれば都のあった過去がそのまま今の京都にも生きているような気がします。

そして、「大阪は今日の夕方まで生きる」。太陽の出ているうちは先のことなど考えず「必死のパッチ」で生きるのだというわけです。営業戦略で言えば戦略より戦術。営業マンが必死になって走り回っているシーンが目に浮かびます。

三英傑が開発に力を入れた京都

７９４年、桓武《かんむ》天皇が長岡京《ながおかきょう》から遷都《せんと》し平安京《へいあんきょう》が誕生します。その後、平安京は、日本の政治・経済・文化の中心として栄えることになります。中世に入って鎌倉幕府が開かれますが、承久《じょうきゅう》の乱《らん》後、六波羅探題《ろくはらたんだい》が設置されたことによって、依然、京都における政治の中心地は六波羅でした。

後醍醐《ごだいご》天皇らによる南北朝内乱後、室町幕府が上京《かみぎょう》の今出川《いまでがわ》室町に開かれ、再び上京あたりが栄えることになります。応仁の乱で市街は焦土と化し、わずかに三条から松原、高倉から堀川までの下京《しもぎょう》古町だけが平安京の原型をとどめたのにすぎませんでした。しかし、下剋上の戦乱の世にあって、こののち町々の復興が進められます。

時は流れ１５６８年、織田信長が入京。御所の修築をはじめ市街の復興に務めました。その後を受けて豊臣秀吉は本格的な復興に乗り出し、御所の造営をはじめ１５９０年には新都市計画を実行。半町ごとに南北の道路をつけて現在の京のまち並みに通じる短冊形の地割を行ったのです。

また、聚楽第《じゅらくだい》や伏見城《ふしみじょう》を増築して市街を南方に拡大させ、「京・伏見」と呼ばれる二元都市を発展させます。つまり信長も秀吉も京都には力を入れていたわけですが、都なので当たり前の話で、ここまではご存じの方も多いかと思います。

歴史好きの人ならこの後に誰が登場するのかお分かりでしょうが、次に京のまちづくりを行ったのが豊臣家を滅ぼした徳川家康。**まさに本能寺の変で自害した信長、秀吉、家康三英傑のそろい踏みになるのです**。

家康は、東・西本願寺や二条城の造営を行いました。この二条城が曲者《くせもの》です。京に滞在中の宿所《しゅくしょ》としてつくったものと言われていますが、1614年に大坂冬の陣が勃発《ぼっぱつ》、その二条城が本営になるのです。家康はそこまで考えていたのではないかと思います。

江戸幕府が開かれて政治の中心は江戸に移りますが、京都は江戸、大坂と並んで〝三都〟と称され、学問と美術工芸、宗教の中心として発展を続けていくのです。

京都は桓武天皇の時代794年から平清盛の福原《ふくはら》遷都（1180年）を除いて、1869年（明治2年）の東京遷都まで1000年あまり続いた文字通りの都。西本願寺に東本願寺、二条城や清水寺、金閣寺に銀閣寺、三十三間堂など京都には約3000の社寺があり、もれなく見学しようと思ったら最低でも1か月は必要と言われています。

また、京都は、1年を通して毎日のようにどこかで祭礼が行われているとも言われています。やはり書き尽くせないほどの歴史がある京都は、京阪神の中でも別格なのかもしれません。

〝天下の台所〟としての大阪

1496年、蓮如聖人が現在の大阪城付近に石山御坊《いしやまごぼう》を建てたのを機に大坂のまちは寺内町《じないちょう》として発展します。封建領主化した本願寺は畿内に進出、堺を屈服させた信長と10年にわたる戦いを続けますが、勅命《ちょくめい》によって開城しました。1582年、山崎《やまざき》の戦いで明智光秀を倒した秀吉は大坂城を築き、近畿地方を根拠に天下を統一、近世封建社会を確立します。

大坂のまちは豊臣対徳川の大坂の陣で一時衰えますが、1619年、江戸幕府の直轄下に置かれてからは生気を取り戻し〝天下の台所〟として発展していきます。

その勢いは**「大坂の豪商一度怒れば天下の諸侯色を失う」**と言われたほど。大坂は諸国の物資を集積した中枢《ちゅうすう》市場であっただけではなく、これら町人が諸藩の財政を取り仕切ったため〝天下の台所〟だったのです。天下一の両替商と呼ばれた鴻池《こうのいけ》家から融資を受けていない藩はないとも言われていました。

〝天下の台所〟は江戸時代からあった言葉のように思われることが多いですが、最近の研究では、『大阪市史』などを書いた幸田成友《こうだしげとも》がつけたキャッチコピーであることが分かってきています。

大阪の地理は西に大阪湾、東に大阪平野があり、北東からの淀川と南を流れる大和川《やまとがわ》のデルタが市域のほとんどです。そのため以前は「大坂八百八橋《はっぴゃくやばし》」と言われたほど橋の多いまちでした。逆に言えば、この地の特性を活かしたことで大坂は「水の都」と呼ばれ、飛躍的な発展を遂げます。その交通の大動脈となったのが淀川で市内には網の目のように水上交通路が整備されました。

明治時代になると大坂府が置かれます。その後、河内《かわち》県、堺県なども設立されますが、河内県は1869年に堺県に統合。1871年大坂府は「坂」を「阪」にあらためました。

その後、現在の大阪府のうち摂津は大阪府、河内と和泉《いずみ》は堺県となり、1876年に堺県が奈良県を併合、その堺県は1881年に大阪府に併合され、1887年に奈良県が分離して現在の大阪府になったのです。1897年には第一次市域拡張を行い、1898年に大阪支庁が府庁から独立しました。

明治に入って紡績、造船業などを中心に機械工業が発展します。第一次世界大戦では軽工業だけでなく重化学工業も発展して四大工業地帯のトップになります。1925年には第二次市域拡張が行われ、人口は211万人で、当時の東京市を抜いて日本一の都市になります。関東大震災の後、大阪市はしばらくは日本一の人口を誇りました。

世界に開かれたまち・神戸

近代的なイメージの神戸ですが、まちの歴史は古く、奈良時代から「大輪田泊《おおわだのとまり》」と呼ばれ早くから瀬戸内海の重要な港でした。鎌倉時代からは「兵庫津」と呼ばれて明《みん》や琉球《りゅうきゅう》の船を迎えていました。平安末期、そこに着目した平清盛は、神戸の港「大輪田泊」を改修し、中国（当時の「宋《そう》」）と貿易を行いました。また、京都から神戸の福原に都が移されたこともあります。

さらに神戸は軍事上でも重要な場所でした。南北朝時代には楠木正成《くすのきまさしげ》が北朝軍に敗れた1336年の「湊川《みなとがわ》の戦い」の地としても知られています。

江戸時代は日本海側から下関回りで来る船の出入りでにぎわったそうです。古代から港町として発展してきた神戸は、〝天下の台所〟大坂を控えて海上交通の要所であるとともに、西国街道沿いの宿駅でもありました。

長い間鎖国政策をとっていた日本ですが、ペリーやハリスの来航により開国を迫られ、1858年の日米修好通商条約により、1863年に神戸が開港されます。

開港後は、現在の北野地区や海岸沿いに外国人居留地が設けられ、衣食住から娯楽や文化などあらゆる面で欧米の生活様式が持ち込まれました。清涼飲料のラムネやウスターソース、映画なども神戸が発祥の地です。**神戸は京阪神でも文明開化の洗礼をいち早く受けて国際貿易都市として発展します。**

明治維新後、兵庫と神戸は当初別個の核として発展したのですが、両者の間に、兵庫県庁、湊川《みなとがわ》神社、神戸駅などが出来、また生田川右岸の居留地から西へ南京町《なんきんまち》や元町《もとまち》の商店街が発展し、やがて両者は一つに融合しました。戦後は三宮が市内随一の繁華街になります。

現在もJRには「兵庫駅」「神戸駅」「三ノ宮駅」がありますが、実は一番のターミナルは兵庫駅でも神戸駅でもなく三ノ宮駅。そのため対外的な利便性も考え三ノ宮駅を

「神戸三宮駅」に改称しようという動きもありますが、どうやら進展はしていないようです。このあたりも地元の人からすれば「三ノ宮で名前が通ってるんやからそれでええやん」ということなのかもしれません。周りからどう見られるかをあまり気にしない京阪神の気質なのでしょうか。

神戸は、我が国屈指の国際貿易港であるとともに、西日本の工業地帯の中心でもあり、その点では名古屋にちょっと似ています。ですがまちのイメージという点ではやはり神戸のほうが洗練されているようです。

ちなみに秀吉は〝神戸の奥座敷〟と呼ばれる有馬温泉をこよなく愛し、何度も訪れたと伝えられています。

有馬温泉の存在が知られるようになったのは、第34代舒明《じょめい》天皇（593〜641年）、第36代孝徳《こうとく》天皇（596〜654年）の頃からで、両天皇の行幸《ぎょうこう》（天皇が外出すること）がきっかけとなり有馬の名は一躍有名になりました。その後、一時衰退しますが、奈良時代に行基《ぎょうき》菩薩が温泉寺などを建立し再興。秀吉は、戦乱や大火で衰退した有馬温泉の改修を行い、湯山御殿を建てています。

江戸時代になってからは、全国でも評判の湯治場《とうじば》となり、多くの人が湯治に訪れる名湯に。江戸時代の温泉番付では「東の草津」に並んで「西の有馬」が当時の最高位である大関として名を刻んでいるのです。

第2章　病みつき必至!?　京阪神の食生活

「牛肉大好き！」京阪神

日本の家庭の味と言えば必ず出てくるのが「肉じゃが」。ですが、肉じゃがの「肉」は何かということになると、関東と京阪神エリアでは真っ二つにわかれます。関東の人は「肉じゃが」といえば豚肉なのに対し、京阪神の人は**「そんなん牛肉に決まってるやん」**という答えです。

日本人が本格的に牛肉を食べるようになったのは、明治の文明開化以降です。牛なべ屋（すき焼き屋）が流行してからというのが定説ですが、実は日本でも戦国時代には、キリスト教イエズス会の宣教師やキリシタン大名が食べていました。豊臣秀吉の小田原城攻めの際、秀吉側の武将・高山右近《うこん》が蒲生氏郷《がもううじさと》や細川忠興《ただおき》らに牛肉を振る舞ったという話もあるのです。

また、江戸時代の元禄年間には、近江彦根藩は「牛肉味噌漬」を「薬」としてつくって売っていたそうです。当時、表向きは肉食禁忌《きんき》であったため「薬」という名目にしたたのだとか。また彦根藩主の井伊家は毎年、徳川将軍家と徳川御三家に「牛肉味噌漬」などを献上していたと言われています。昔から牛肉は食べられていたのですね。

この牛肉、地域別に見てみると、全国で最も食べているのは、京阪神のお隣・和歌山で9・6kgです（52市中〔県庁所在地＋政令都市〕世帯あたり年間購入量／総務省家計調査　2014〜2016年平均）。和歌山は遠洋漁業のイメージから、どちらかというと肉より魚という感じがするのですが意外な牛肉消費量です。

どうして消費量が多いのかと、調べてみるとありました。和歌山県産の銘柄牛肉で「熊《くま》野《の》牛《うし》」という牛肉が。平安時代中期頃からの中世熊野詣の盛期に、京都から連れて来られた荷牛が熊野牛のルーツと言われています。これを肉用牛とするため、但馬牛の血統を取り入れて品種改良されて、「熊野牛」として地域ブランド化されました。

2位は京都市で9・5kg。**実は、京都市は牛肉の購入金額では全国1位**。これは、いい牛肉を食べていることと、物価が高いことも影響しているようです。京都の人は歴史と伝統を大事にする反面、意外に海外の文化を受け入れることにも抵抗がなくパンやコーヒーも好き。京都と牛肉はつながりがないイメージがありますが、京都は人口あたりのフランス料理店が非常に多いところでもあります。

消費量の3位は買い物上手の奈良市で9・4kg、4位は食い倒れの大阪市で9．1kgと、4位までを関西勢が占めました。どうして関西、京阪神の人はこれほどまでに牛肉大好きなのでしょうか？

日本における肉料理は、文明開化とともに広がりました。その頃に、但馬牛のおいしさが外国人に認められ、その中でも選《よ》りすぐりの牛である神戸牛のブランド力が高まりました。また、関西圏とその近郊では、他にも滋賀県の近江牛、三重県の松阪牛、伊賀牛などブランド牛がたくさんあるため、牛肉にも親しみやすかったのでしょう。

また、神戸開港のとき、神戸を発展させたイギリス人が牛肉好きだったことも影響しているのではないかと思います。サーロインのサーは文字通り、サー（s・i・r）、つまり、ナイトを意味すると言われ、君主がそれを食べたときにあまりにもおいしいことから騎士の称号をその部位に与え、その後、この名称が定着したという説があります。

実際、今でも関西の食文化では牛肉はよく使われます。カレーの肉も関西では牛肉ですし、前述したように肉じゃがにも牛肉を使います。そもそも、肉じゃがのルーツは京都の舞鶴。軍港であった舞鶴で海軍がビーフシチューをつくるときに、ワインやデミグラスソースなどの材料がなかったため、代わりに醤油や砂糖を代用してつくられたのが発祥と言われています。関西の肉じゃがに欠かせない脇役の玉ねぎも兵庫県淡路島や大阪泉州《せんしゅう》が特産。甘みのある玉ねぎが牛肉の味をさらに引き立たせてくれるわけです。

お肉と言えば牛肉を指すのが関西、京阪神の常識。例えば、肉まんは関東の場合、牛肉でも豚肉でも肉が入っていれば「肉まん」ですが、関西の場合は牛肉が入っているなら「肉まん」ですが、**豚肉の場合は「豚まん」と言わなければならない**のです。

さらに言えば、関西ではカレーの肉は牛肉が当たり前なので、ポークカレーやチキンカレー、シーフードカレーなどという名称はあっても、**ビーフカレーという名称はないのです**。当然、スーパーの精肉コーナーの牛肉の品揃えの量も関東より断然多く、スーパーでは、パックに入った牛肉が芸術作品のようにきれいに並べられたり、花の形にまとめられたりしています。

また、東京では、牛肉を煮る匂いが気になった人が多かったという話もあります。関東は、関西に比べ牛肉産地に恵まれなかったことが一番の原因ですが、そんなことも牛肉の消費量に影響しているのかもしれません。

コシのないやわらか〜いおうどんも大好き

「うどん」ではなく「おうどん」と言うのが京阪神。特に大阪では大阪府製麺商工業協同組合が「大阪のおうどん」のロゴマークを作成して、大阪のおうどんは一味違うことをアピールしています。他地域の人からすれば、なぜ「うどん」に「お」をつけるのかと疑問に思うのですが、それも当地のけったいなところの一つです。

そもそも、うどんの起源は中国。シルクロードを渡って西へ伝わり、イタリアのパスタになり、日本では、うどんとして広がっていきました。

日本に入ってきたうどんも、各地域によって好まれるかけ汁の味は大きく異なります。特に関西と関東で味つけもかけ汁の見た目も両極端なのはご存じの通り。

関西は、うどんのかけ汁をお吸い物のように、だしの味まで楽しむということから薄口醤油が使われています。うどんのだしも、古くから北前船《きたまえぶね》（西回り航路を走る船）などで北海道産の昆布が「天下の台所」と謳われた大坂に海路で運ばれたこともあり、昆布やサバ節、ウルメ節などを使った上品な見た目と味が特徴です。

それに対して関東は、カツオ節のだしと濃口醤油で味つけするので黒っぽい濃い色をしています。

そばと、うどんの両方を出す店は、東京では「そば、うどん」、大阪では「うどん、そば」と書いてあります。「東のそば、西のうどん」を象徴していますが、江戸時代は江戸も大坂もうどんが主流でした。それなのに江戸では、そばがうどんを凌ぐようになっていったのです。その理由は、第一に、江戸っ子は何事にも淡泊だから、淡泊なそばを好んだということ。第二に、当時、江戸に入って来たのは、そば切り（現在の形のそばのこと）が誕生した甲州や信州をはじめ東日本の人たちが多かったこと。第三に、そばの基本である「もり」の存在。忙しい職人たちにとって、汁の入っている熱いうどんより早く食べることが出来たからと言われています。

最近は、うどんというと、いわゆるコシの強い「讃岐《さぬき》うどん」が幅を利かせていますが、京阪神、特に大阪では「大阪のおうどん」として讃岐うどんほどコシが強くなく、つるっとしたのどごしが楽しめる少し柔らかめのうどんも健在です。

讃岐うどんの断面が四角なのに対し、大阪のおうどんは丸。**角を立てずに丸くおさめ**

るという大阪商人独特のシャレが利いているとも言われますが、やさしい味わいのきつねうどんなどは「大阪のおうどん」のほうが確かに合っている気がします。

食卓に白菜は欠かせない！

関西、京阪神というと「コテコテ」のイメージが強くありますが、野菜の好みに関しては意外にそうでもないようです。中でもあっさりした白菜を最も食べているのは、大阪の堺で年間12kg。2位は和歌山で、3位は京都、奈良が4位、大阪5位、神戸6位と続きます。

このように関西の人は白菜が好きなようですが、どのようにして食べているのでしょうか？　地元の方や旅行会社の方に協力してもらってアンケート調査をしてみました。結果、「鍋・水炊きの具」が最も多く、「キムチなど漬物にして食べる」「すき焼きのときに入れて食べる」人も多かったのが特徴です。だいたい白菜は1玉1・5kgから2kgですから、鍋料理だけで白菜を食べている人なら冬は少なくとも6回ぐらい鍋料理を食べていることになります。

この白菜、今では日本でも、大根、キャベツに次ぐ3番目の生産量を誇る野菜なんだとか。確かに、浅漬け、鍋物、炒め物、スープなど幅広い料理で活躍する万能野菜ですよね。ちなみに私は餃子をつくるときには白菜を使います。キャベツだと甘くなってしまうからです。

白菜の出身地は、中国の青島《チンタオ》。日本にやって来たのは明治時代で、普及し始めたのは昭和になってからです。

それにしても、なぜ関西、京阪神の人は白菜が好きなのか。

まずはアンケートでも出て来たように鍋料理をよく食べることが挙げられます。白菜は、大根・豆腐に並び「養生三宝《ようじょうさんぽう》」と呼ばれ、精進《しょうじん》料理には欠かせない食材です。白菜はほとんどが水分で、特に多く含まれている栄養成分はないようですが、比較的カリウムやカルシウムなどのミネラルが豊富です。

第二に白菜は安いということ。そのときにもよりますが、安いときは1／4玉で68円、1／2で80円、特売で1玉100円といったところ。普段でも1玉120〜150円、特大220円、まとめて4個で400円くらいだそうです。確かに「節約料理」や「安くて早くて簡単なスープ」などには必ずと言っていいほど白菜が使われています。安くて食べ応えがあり、しかも体にもいい。白菜は値段と味にうるさい京阪神の人たちには欠かせない野菜なのですね。

京都と言えばなぜ「湯豆腐」なのか？

アンケートで京都の人に「湯豆腐を食べますか？」とたずねると「高いだけ」と答える人も少なくありません。そもそも湯豆腐は観光客向けで、地元の人は特に好んで食べることはないと言うのです。それなのに「京都と言えば湯豆腐」の印象が強いのはどうしてなのでしょうか。

京都に湯豆腐店が増えたのは、実は高度経済成長で観光が盛んになった1960年代以降のこと。中でも『嵯峨《さが》豆腐《とうふ》森嘉《もりか》』（右京区）の存在が「豆腐の町、京都」のイメージに大きく貢献していると言われています。

『嵯峨豆腐森嘉』では豆腐を固めるにがりが入手しにくかった戦後間もなく、凝固剤として硫酸カルシウムを使い始めました。戦時中に兵役で中国に渡った３代目が、現地の人が石こうで豆腐を固めているのを見て応用したのだとか。結果、にがりを使うより、角のとれた柔らかい豆腐が出来たのです。

この京都独特の柔らかい豆腐の味わいをシンプルな湯豆腐で頂くことが、他県から訪れた観光客にも「京都らしいはんなりした雰囲気」を味わえるとして受け入れられていったわけです。

司馬遼太郎は『街道をゆく　嵯峨散歩、仙台・石巻』で森嘉の豆腐についても触れています。豆腐が中国から伝わった経緯や森嘉の３代目のエピソードとともに、湯豆腐を食べながら「あれやこれや思えば、日本文化を食っている気がしてくる」と記しています。

こうしてみると、京都の湯豆腐店には、自前で豆腐をつくって出す清水《きよみず》の『奥丹《おくたん》』のような店と、豆腐店から仕入れた豆腐を出す店の２つの流れがあるのが分かります。近年は豆腐店直営の飲食店や、カフェ風など新感覚の豆腐料理を味わえる店も増えました（参考　京都新聞２００６年2月5日掲載）。

京都人はフレンチがお好き

意外にもパン好き、コーヒー好きな京都の人はフレンチも大好き。日本には、フランス料理店は全国で7139店、イタリア料理店は9734店もあります（『iタウンページ』より2017年10月1日時点）。人口は減っても海外の料理店は増えているのです。フランス料理店が多い東京ですが、**人口（昼間人口）当たりでは実は京都市が最も多いのです**。中でも中京区が最も多く54店。京風の名前というわけではなく、ほとんどがカタカナのお店です。ついで、東山区の31店、左京区の26店と続きます。

京都といえば日本の伝統料理である京料理のイメージが強いのに、なぜフレンチの店が多いのでしょうか。確かに、京都の一流ホテルには、それぞれフランス料理店はありますが、それだけではありません。まちのあちこちにフランス料理のお店があるのです。「新鮮な食材が採れる地域では、いい料理人が育たない」と言われます。いい食材さえあれば、技術がなくてもおいしい料理が出来るため、料理人は腕を磨く必要がないからです。しかし京都は東京や大阪と違って海から遠いため、鮮度では勝てない分、料理人が腕を磨いたと言われています。これが京料理となり食材や味は元より、見せ方が「芸術的」なのが特徴なのです。

つまり、食に関してもつくり手・食べ手ともに見た目を重視する京都人から見ると、見た目より味で勝負するイタリアンより、見た目にも気を遣うフレンチのほうが相性がいいのでしょう。また、伝統のまち・京都には〝伝統的〟フランス料理のほうが合っているのかもしれません。

素材の味を引き出す京料理とソースで勝負するフレンチは対極に位置するものかもしれませんが、「見た目」と「伝統」いう点では似ているのです。ただし、京都の知り合いのグルメ通に聞くと、「京都のイタリア料理はレベルが高いが、フレンチはいま一つかな?」と厳しく言う人もいます。

考えてみると、フランス人と京都の人には共通点がある気がします。プライドが高いこと、自己主張すること、好き嫌いがはっきりしていることなど。しっとりとしているように見えて、実は意外に内側には熱いものを秘めていて男女ともに頑固なところもフランス人に似ています。

「元祖」と「本家」のあぶり餅対決

あぶり餅は金閣寺に近い京都市北区にある今宮《いまみや》神社参道の名物です。竹串に刺した餅にきなこをつけてあぶったものに、白味噌で溶いたタレをからめたもの。平安中期、一条天皇の子が疫病を患ったとき、疫病除けの願いを込めてあぶり餅を供《そな》えたのが始まりと言われていて、今も今宮神社へ参拝した際には、無病息災を願いあぶり餅を食べる風習が続いているのです。今宮神社も、いかにも京都という佇《たたず》まいでした。

あぶり餅は平安時代頃からある日本最古の和菓子の一つと言われ、今宮神社参道で応仁の乱や飢饉のときに庶民に振る舞われたといういわれがあります。

今宮神社の参道には、『かざりや』と『一和《いちわ》』のあぶり餅屋が並んでいます。どちらも老舗ですが、かざりやは「本家」、一和は「元祖」と名乗っています。

かざりやは江戸時代創業で約400年続いています。一方、向かいの一和（正式名『一文字屋和輔《わすけ》』）の創業はなんと長保《ちょうほう》2年（西暦1000年）なのです。

十数年ほど前に、私も両方を食べたことがありますが、お餅のもちもちした食感と白味噌のあっさりとした上品なタレがなんともいい感じでした。
一和のあぶり餅は、かざりやと比べると小ぶりな気がしましたが、それぞれ使用している白味噌が異なっているようです。どちらかと言うと、一和は素朴でかざりやが上品という感じですが、あとは好みでしょう。時間があれば、かざりやと一和をはしごして、食べ比べするのをオススメします。どちらも、竹の串の先が二股にわかれていて、一人前500円も同じでした。観光で食すにはちょうどいい価格設定ですね。
『かざりや』と『一和』がそれぞれ「本家」と「元祖」を名乗っているのも、京都らしい話です。
ちなみに、広辞苑では
《本家…大本になる家筋。また、分家から見てその分かれ出たもとの家》
《元祖…一家系の最初の人。また、ある物事を初めてしだした人。創始者》
となっています。これでは、いったいどちらが格上なのかわかりません。一昔前の大阪なら、大きな看板を出し合って「こちらが元祖です」「こちらが本家です」とやっていたかもしれません。

京のアレンジ精神が育てた「ゆば料理」

湯豆腐と並んで「京都らしい食」の一つに挙げられるのが、「ゆば」を使った料理。ですが、よく考えると京都でメジャーな食の割には、なぜ京都で「ゆば」が好まれるのかは謎でした。

ゆばは、大豆の加工食品の一つ。豆乳を加熱したときに出来る膜を、竹串などを使って引き上げたもので、滋養のある精進料理の食材として重宝されてきました。中でも有名なのは「京ゆば」です。上品なゆば料理は京都にピッタリで、そのままわさび醤油、生姜醤油につけて食べるのは元より、鍋物やお吸い物、野菜の炊き合わせなどにも使われます。湯豆腐については文句を言う人も、ゆばについては文句はないようです。

その由来ですが、約1200年前に最澄《さいちょう》が中国から仏教・お茶などとともにゆばを持ち帰り、比叡山《ひえいざん》の天台宗総本山の延暦寺《えんりゃくじ》に伝わったのが日本におけるゆばの始まり。「京ゆば」が京都でもてはやされたのは、古来からの寺社仏閣に多くの人が集まり、都として栄えたことで「よそさん」をもてなすための「懐石料理」が発展し、そのための食材として栄養豊富なゆば料理が伝承されてきたためと言えるかもしれません。

実は、西の「京ゆば」だけでなく、東の「日光ゆば」も有名。ちなみに京都のゆばは「湯葉」と表記するのに対し、なぜか日光のゆばは「湯波」と表記されます。

京都の湯葉は膜の端に串を入れて引き上げるため一枚なのに対し、日光の湯波は膜の中央に串を入れて二つ折りにするように引き上げるため二枚重ねとなります。このため、京都のものは薄く、日光のものはボリューム感があるものになるのです。

食材の引き合いに出すのはおかしいのですが、**トイレットペーパーが関西はシングルが主流で、関東がダブルが主流なのにも似ているかもしれません。**

また、京都の湯葉は生《なま》または自然乾燥させることが多く、日光の湯波は生または油で揚げられることも多いようです。京都の人は意外に新しいもの好きで、いろんなアレンジにも挑戦するので（「湯葉フォンデュ」なんていう料理も）、和洋問わずいろんな料理法を取ることが出来、どんな食材とも組み合わせしやすい「ゆば」が時代を超えて親しまれてきたとも言えます。

大阪の粉もん文化に体が悲鳴？

大阪と言えば、お好み焼き、たこ焼きでしょう。実際、大阪府内にお好み焼き屋は1372軒（大阪市は713軒）、たこ焼店は584軒（同281軒）あり、東京都内のお好み焼き808軒、タコ焼き169軒を大きく上回っています。

大阪のお好み焼きは、キャベツやネギを混ぜた生地を鉄板に流し、豚肉・牛肉は鉄板で炒めた後からのせて焼くスタイル。ボリュームのある具と合わせて焼き上げ、マヨネーズやソースをたっぷりと塗って頂きます。これを見ると「関西は薄味」とは到底思えません。

大阪のお店でお好み焼きを注文すると、お客がつくることはありません。ほとんどのお店では店員さんが一から焼いてくれます。これこそ、大阪人気質から生まれたシステムなのです。

まず、つくっているのが見える店が多いため、お客側はイライラして待つことがない。一方、店側としてもチャヤチャッと早くつくることが出来るので、お客の回転率が上がるという一石二鳥になっているのです。

大阪はお好み焼きに加えて、前出のうどんやたこ焼きも愛されています。一般家庭では「一家に一台たこ焼き器がある」と言われるぐらいです。いずれも小麦粉が使われるので、これらを総称して「粉もん文化」と呼ばれるわけです。

うどんもお好み焼きもたこ焼きも、つくるのにも食べるのにも時間がかからないし、原料の小麦粉も日持ちするからロスがありません。だからこそ、〝いらち〟(「せっかち」「気が短い」「イライラしやすい」など、大阪人の気質を表す言葉)で**〝もったいない精神〟の大阪人にもってこいの食べ物なのです**。

ですが、いいことばかりではありません。大阪では「お好み焼き定食」「きつねうどん定食」が当たり前に存在し、お好み焼きとごはん、うどんとおにぎりなど、炭水化物をダブルで摂取する文化があります。大阪府が行った調査では、そうした食生活習慣のある人は肥満傾向にあるというのです。

調査は2015年の11～12月に、18歳以上の府民を対象に行われ1858人から回答を得ました。米・パンなどの主食と麺類や「粉もん」を一緒に食べる頻度は、男性の約

6割、女性の約半数が週1食以上で、男女とも4人に1人が「1日1食以上」と答えています。世代別では高齢者（65歳以上）の頻度が最も高かったのです。この数字からは、それぐらい長年に渡って粉もんと炭水化物を合わせて食べる習慣が出来てしまっていることがうかがえます。

週1食以上の割合を肥満度を示す体格指数（ＢＭＩ）別で見ると、肥満の人は63・9％で、普通（51・6％）、やせ（44・6％）の人より高いという結果になりました。健康のことを考えると、粉もんも食べ過ぎないように注意をしたほうが良さそうです（参考毎日新聞２０１６年８月３日）。

「ソース王国」京阪神！

コテコテの関西、京阪神のイメージそのままなのが、ソースを愛する食文化。他地域の人からすると「そんなものにもソースを？」と思われるようなソースの使いっぷりが見られます。

一般的にはフライものはソースで、天ぷらは天つゆや塩で食べることが多いのですが、**大阪ではソースで天ぷらを食べるのです。**「えっ!?」という感じに思えますが、実際食べてみると、意外に合うのです。白身魚の天ぷら、野菜のかき揚げなど、むしろソースで新たなおいしさを感じられるものも。具材によっては慣れるまで少し時間がかかるものもあるかもしれませんが……。

また、紅しょうがの天ぷらもソースで食べるという人が多数。こちらは、関西の中でも大阪、奈良、和歌山の人がよく食べます。確かにお好み焼きをイメージすると紅ショウガとソースの相性の良さがわかると思います。

ソースが日本に登場したのは明治以降。ソースをかけて食べるというのは当時の人たちにとってハイカラな食べ方でした。関西では、玉ねぎやショウガなど匂いのきつい食べ物をあまり口にしない習慣がありましたが、ソースのおかげで食べやすくなったとも言われています。

どうしてソース文化が関西、京阪神で発展・定着していったのか。神戸港の開港で特にイギリスの文化が直接入って来たのも大きく影響しています。

一般社団法人日本ソース工業会のHPによると、ウスターソースの誕生はイギリスのウスター市のある家庭で起こった偶然の出来事がきっかけだったと言われています。19世紀の初め、市内に住む主婦が余った野菜や果実の切れ端を有効に利用しようと香辛料をふりかけて壺に入れ、腐敗しないように塩や酢を加えて貯蔵しておきました。それが長い時間をかけて熟成され、肉や魚、野菜にも合う液体ソースになったというわけです。

ウスターソースは、欧米では液状の調味料の総称ですが、日本では通常は野菜、果物を主原料としてつくったソースのことを指します。主な材料は、とてもシンプル。トマトや玉ねぎ、ニンジン、セロリなどの野菜と、リンゴ、プルーン、デーツ（ナツメヤシ）、ミカンなどの果実、砂糖や食塩、食酢、それにさまざまな香辛料から出来ています。

加えて、カロリーだけでなく、**塩分が控えめなのもソースの魅力です**。厚生労働省が推奨する食塩摂取量の目安は1日10g以下とされていますが、ソース大さじ1杯に含まれる塩分は、わずか1gほど。この食塩量は、薄口醤油の約半分、減塩醤油とほぼ同じです。ソースは健康志向の高い現代の人たちにとっても、おいしさとヘルシーを両立してくれる魅力的な調味料だというわけです。

ソース文化が花開いた京阪神だけに、現在も各府県に「ご当地ソース」メーカーがたくさんあります。中でも、神戸はウスターソース文化が上陸した地らしく、1885年に日本で初めてソースを製造したとされる安井敬七郎《けいしちろう》の名を取った『敬七郎ソース』(阪神ソース株式会社)が今も健在。

安井敬七郎は、仙台藩おかかえの藩医であった安井家の13代目当主で、ハイカラな神戸の食文化に合う調味料として日本独自のソースをつくったそうです。ただ当時は、馴染みのないものだけに販路には苦労し、薬屋さんに扱ってもらっていたのだとか。

他にも京都には1918年祇園《ぎおん》で創業した『オジカソース』、大阪にも1933年創業の『金紋《きんもん》ソース』などがあり、どれも今でも人気。京阪神のソース食べ比べをしてみるのもいいかもしれません。

「二度づけ禁止」令のおかげで大儲け

大阪の串カツといえば、「二度づけ禁止」が有名。なぜ、「二度づけ禁止」かと言うと、衛生面の理由からと言われています。ソースを他のお客さんとも共有しているので、唾液に含まれる菌の繁殖を防ぐため、二度づけ禁止をしているというのが理由です。

とは言うものの、今では「二度づけ禁止」が串カツ店のキャッチフレーズのようになっている店も多く、どの店も「二度づけ禁止」を競い合って宣伝しているような感じさえします。

串カツは昭和初期に大阪市浪速《なにわ》区にある繁華街・新世界の、カウンター形式の店で誕生したと言われています。東京で見る「串揚げ」や名古屋の「味噌カツ」などのカツと比べ、パン粉がとても細かいのが特徴です。

また、大阪の串カツはひと串が大きくなく、牛肉や魚介類、野菜などの具材は小ぶりに切られていて、一口で食べるスタイルが一般的。そもそも一口で食べられるのだからソースの二度づけをしなくてもいいだろうというところから「二度づけ禁止」が広がったような気もします。そこには何かがあるのでは？　と大阪在住の人たちに聞いてみました。

筆者「二度づけ禁止は衛生面だけじゃなく、他に理由があるのかな？　二度づけ禁止だと、どうしてもソースの量が少なくなってしまう」
大阪人「そう言われると、二度づけを禁止することでお客さんのソースの使用量も少なくなるからちゃうかな」
筆者「それはあるかも」
大阪人「使う量が少なくなると店の利益も増えるやん」
筆者「昔と違って、二度づけ禁止の店が増えましたね」
大阪人「ほとんどの店で二度づけ禁止を大きくアピールしとる」
筆者「初めての人は迷うよね。衛生的な問題と言うけれど」
大阪人「二度づけ禁止が気になる人は小皿にソースを入れたらいいんちゃう」
筆者「でも、そういうルールも含めて大阪の文化をおいしく楽しむのがいいのかな」
大阪人「そやな。まあでも、二度づけ禁止が広がったおかげで、大阪の串カツは全国区どころか海外のお客さんにも人気になったから、**結局いちばんおいしいのはお店ってことちゃうか**」

大阪人が好きな「かやくご飯」とは⁉

地元ではその名前で通っていて、全国どこでも同じように呼ばれていると思っていると、実はそうでもないことを知って驚くことがありますが、大阪人の好きな「かやくご飯」もその一つ。

「かやくご飯」とはお米と一緒に野菜や肉などをだしで炊き込む、五目ご飯、混ぜご飯、炊き込みご飯のこと。特に、大阪の人はこのかやくご飯が好きで、中でもうどんとかやくご飯をセットで食べるのが好まれています。あるいは、豚汁や粕汁《かすじる》などの汁物とかやくご飯のセットも、定番メニューとして人気です。

ちなみに、**かやくとは「加薬」の意味**で、旬の野菜を加えて栄養価を加えると同時に、薬効も期待するところから命名されたそうです。

大阪でかやくご飯が食べられてきたのは、商人を中心とした町人のまちであったからでしょう。もったいない意識が強い商人にとって、おかずとご飯が一体化していて無駄なく手っ取り早く食べるのに、これほど適したものもないわけです。つまり、主食も副食も一緒になっているのが、かやくご飯という料理の位置づけなのです。おまけに、冷めたとしても、かやくご飯ならそのまま食べてもおいしく頂けます。こんなところにも合理的な大阪人の食文化が垣間見られるのです。

大阪人にとって、かやくご飯はおふくろの味、家庭の味。だしの取り方、加薬の種類などによって、それぞれの家庭の味がしっかりと伝承されていて、「子どもの頃、母親が炊いてくれた熱々のかやくご飯の味が忘れられない」という大阪人はたくさんいるようです。現代の大阪っ子たちも「かやくご飯」は好きなメニューの一つだとか。

そんな大阪人の健康寿命は男性が全国43位、女性は47位、平均寿命は男性41位、女性39位。体にいいものを食べているはずなのに、ランキングが悪いのはいったいどうしてなのでしょうか？

大阪の「ふぐ」は高級品？　庶民の味？

ふぐと言えば高級品の代表格で、特に東京の人には「ふぐ料理店」は敷居の高いものでした。最近は東京でも少しだけ敷居が低くなりましたが、まだまだ気楽にはお店に入れません。

このふぐを、日本で最も食べているのはどこの人でしょうか? 高級品のふぐなら所得の高い東京の人と思えるのですが、実は大阪の人なのです。全国の消費量のうち6割近くが大阪で食べられているのだとか。それだけふぐが食べられているということは、大阪のふぐ料理店の敷居が低いということでしょう。

私が初めて大阪に行ったとき、大阪事務所の仲間が「今日はふぐ行きましょ」と言って歓待してくれたのを思い出します。さすが、食い倒れのまち・大阪。十三《じゅうそう》などの庶民的な繁華街には「てっちり・かにちり1980円!」などと大きく書かれている専門店があちらこちらにあるのです。

なぜ高級品イメージのあるふぐが大阪では庶民的なのか?

その理由は、まずふぐの産地に近い地の利があること。実際、ふぐの養殖が盛んなのは長崎県、熊本県、兵庫県、大分県、愛媛県など(農林水産省調べ)。当然、産地が近いと新鮮で安いふぐが流通しています。

さらには**ふぐ調理師の資格者が大阪が断トツに多いことも挙げられます**。実は、ふぐ調理師試験は国家試験ではなく、各都道府県が条例で定めた上で行われるもの。大阪府の場合は、他県に比べて調理師免許の有無などが問われず講習会参加と口頭試問などで、きちんと学べていれば資格が取れるという点で資格者増につながっているようです。

大阪では、ふぐのお刺身「てっさ」もリーズナブル。てっさとは「鉄砲の刺身」のこと。ふぐに当たる＝鉄砲というのは有名ですが、なんでも省略する大阪らしい呼び方です。てっさは一般的な魚の刺身と比べて透き通るぐらい薄く切られており、一枚一枚取って食べるのではなく、お箸で複数枚まとめてすくうように食べるのがいいとも言われています。

てっさが薄く切られているのは、ふぐの身が非常に引き締まっていることから、強い弾力性があり、厚く切ってしまうと噛み切りにくくなってしまうため。そうした、てっさの特性を生かして、盛り付けも芸術的なのが特徴であり、見た目にもおいしそうに映るのです。

お得すぎるミックスジュース

ミックスジュースとは、その名の通り、複数の果汁を混ぜ合わせた飲み物。海外にも同じようなジュースはありますが、日本では、牛乳とさまざまな果物をミキサーで混ぜてつくった飲み物がミックスジュースとして親しまれています。

一見、どこにでもありそうなジュースなのですが、特に関西、京阪神の喫茶店では定番メニューになっていて、ターミナル駅構内のジューススタンドでも定番のミックスジュースをはじめ、工夫を凝らした数種類のミックスジュースが販売されています。

ミックスジュースの本場・大阪で、「めっちゃうまい！」と評判なのが、阪神梅田駅の地下2階東口改札口を出たところにある小さなジューススタンド。夏場は一日に約6000杯、冬でも4000杯のジュースが売れるのだとか。

中でも断トツの人気を誇るのはやはりミックスジュース。常に3台のジューサーでミックスをつくっているほどです。

1杯150円という手頃な価格も人気の秘密。注文を受けると一瞬だけミキサーを作動させます。これは、沈殿《ちんでん》した果実の粒をかき混ぜて均一化させるため。

また、冷たさを保ち、どろどろ感をやわらげて飲みやすくするために、氷を果物と一緒にミックスさせてあることが特徴です。基本的には、バナナ、ミカン、黄桃（ミカンと黄桃は缶詰のもの）に砂糖が入っています。

ジュースというと女性や子どもの好むものというイメージですが、ここのミックスジュースはビジネスパーソンにも大人気。通勤時に毎日必ず立ち寄って飲む人も少なくないそうです。

大阪の人はよく「お金に細かい」と言われますが、正確に言うとコストパフォーマンスにこだわるタイプ。**価値があればそれなりにお金を使うのです。**

1杯150円という手頃な価格で、バナナ、ミカン、桃などの果汁が入っているミックスジュースは、一杯で何種類もの味が楽しめるのですから、いかにもお得。大阪で人気があるのは当然なのです。

神戸紅茶伝説「神戸人はイギリス派？」

コーヒーと比較すると紅茶はアフタヌーンティーという文化があるように、どこかゆったりとした落ち着いた雰囲気を感じさせる飲み物ですよね。

せっかちな関西のイメージの中で、どうやら紅茶を愛する神戸の人は、ちょっと違った文化を持っているのかもしれません。

神戸市の世帯当たり年間紅茶の購入量は372gと全国一（2014〜2016年平均　総務省「家計調査」より）。全国平均が200gですから、2倍近くになります。これは神戸が港町であることが大きく影響しています。と言うのも、港町は各地から人や情報が入ってくるため、どこでも新しいもの好きな人が多いからです。パン食、ゴルフ、映画やラムネも神戸から始まっています。

紅茶発祥の地は中国と言われていますが、日本に紅茶が入って来たのは明治時代。具体的には明治20年（1887年）で、たったの100kgでした。原産地の中国からではなく、ヨーロッパ文化への憧れとしてイギリスから輸入されたのです。

イギリスから入ってきた紅茶は、初めは上流階級の人たちの飲み物で、本国でも一般の人にまで広まるようになったのは20世紀に入ってからと言われています。紅茶＝イギリスということを考えると神戸の紅茶好きも納得出来ます。

そう言えば、神戸の人はイギリス人同様に、他人にむやみに干渉しないし、どこか頑固なところがあります。

京都と神戸は仲が良くないそうですが、京都人はプライドの高さからフランス人似、神戸はイギリス人似とみれば、さもありなんと言えますね。

日本における紅茶の消費は、ティーバッグの導入や缶入り紅茶ドリンク、ペットボトル入り紅茶などを契機に、飛躍的に増加しました。それと同時に、リーフティーへの関心も呼び起こされ、紅茶の魅力が見直されてきたのです。今ではデパートやまち中で紅茶専門店も増えています。

同じ京阪神でも大阪の人は、喫茶店で紅茶を頼むことはまずありません。そのため、喫茶店でも紅茶を扱っていないところもあるぐらいなのです。これは大阪の人がコストパフォーマンス意識が強いからなのかも。「どっちみち、紅茶言うたら、リプトンのテイーバッグなんやから」という発想なのです。

紅茶専門店はともかく、普通の喫茶店では、自分の家と同じリプトンのティーバッグを使って紅茶を出しているのに、３００円も４００円も払うのは「ごめんやで」という考え方なのでしょう。これは典型的な大阪のもったいない意識の表れかもしれません。

「メロンパン」ではなく「サンライズ」

関西と四国地方の一部、中国地方の一部では円形のメロンパンが、「サンライズ」という名称で親しまれています。いったいなぜ、メロンパンなのに「サンライズ」なのでしょうか？

サンライズ発祥のパン屋さんは神戸市兵庫区の東山《ひがしやま》市場にある『金生堂《きんせいどう》』。２代目店主の伯父が戦前広島県呉《くれ》市でも金生堂を営業していて、ビスケット生地を使ったパンを考案。当時の呉といえば、戦艦大和に代表される軍艦のまち。そこで、軍艦に掲げる「旭日旗」を参考にビスケット生地表面を日の出のように焼き上げたのが始まりでした。

パンの名称も日の出の英訳「サンライズ」にして、同じパンを神戸の店でも売り始めたのです。評判を知って他のパン店も、金生堂にサンライズの作り方を習いに来たと言います。ちなみに、神戸や京都などではサンライズを「サンライス」と呼ぶ人も少なくありません。きっかけは、「サンライス」と間違って口にするお客さんが多かったからだとか。

兵庫県パン協同組合によると、サンライズは神戸を中心に関西に広まっていきました。つまり、現在のメロンパンは元々「サンライズ」という名前で売り始められたわけです。それとは別に生まれた紡錘形《ぼうすいけい》メロンパンはビスケット生地は使わず、中にはマーガリンを加えた白餡《しろあん》が入っていたようです。

ところがその後、旧来の紡錘形のメロンパンは次第に姿を消していきました。サンライズとメロンパンは別物でしたが、マスクメロンに形が似ているサンライズも混同されて「メロンパン」と呼ばれるようになったのだとか。

現在でも京阪神の一部のお店では円形のサンライズと紡錘形のメロンパンの両方が製造・販売されています。

漁師たちの知恵が詰まった「いかなごくぎ煮」

明石《あかし》の漁師が「春告魚《はるつげうお》」と呼ぶ「いかなご」。新鮮ないかなごを使ったくぎ煮づくりは、明石の春の風物詩として定着していますが、もともとは神戸・垂水《たるみ》が発祥の料理と言われています。

その昔は、明石の漁師の間には約3～4cmのいかなごのシンコ（新子）を獲る習慣自体がなく、初夏、6～7cmに成長したいかなごを飼料用に獲るだけでした。売値はずいぶん安かったそうです。

そこで、漁師らが目を付けたのがいかなごを醤油、砂糖（ザラメ）、みりん、生姜を使って甘辛く味付けした「くぎ煮」。どうにかしていかなごの消費を増やして収益をアップさせることを考えたのです。

明石浦漁協婦人部や県漁連は、コープこうべなどと連携し、料理講師を養成。阪神地域や播磨《はりま》地域で料理教室を開いてPRに精を出し、少しずつ料理方法が広まりました。

そして、阪神・淡路大震災の後、明石や神戸の被災者らが支援へのお礼として全国にくぎ煮を送ったことが、普及に弾みをつけたと言います。最近は春になると、阪神地域や播磨地域ではシンコの解禁日が話題になります。漁価は飼料用だった頃のなんと約5倍に。漁師たちの狙いは見事に的中しました（参考　神戸新聞）。

手間をかけると価値も上がる典型的な話です。お米はそのままで売るより加工したほうが儲かります。**明るくて軽快、金銭感覚の鋭い商人感覚のある神戸の人だからこそ、くぎ煮が出来た**と言って良いでしょう。

特に、発祥地の神戸市垂水区の商店街や魚屋さんでは、旬の時期にはいかなご一色に染まるほどです。甘辛く煮たくぎ煮、ごはんが進みます。

たこ焼きの元祖は明石焼き

関西と言えば「たこ焼き」が有名ですが、その元祖が１６０年の歴史を持つ兵庫県明石市のご当地グルメ「明石焼き」なのはご存じでしょうか？

明石焼きはたこ焼きよりも軟らかく、銅の鍋とさい箸を使ってふわふわに焼き上げ、ソースではなくだし汁につけて食べます。お店では下駄のような小さなまな板を斜めにした台に載せて提供されるのも明石焼きの特徴です。

元々、正式名称は「玉子焼き」ですが、卵焼きと間違いやすいため「明石焼き」と言っている場合もあります。

この玉子焼き、つまり明石焼きがいつ頃、どのようにして出来たかについては明石観光協会によると2つの説があります。

一つは明石の殿様に納めるお菓子を作る際に卵の黄身だけを使い、残りの卵白から玉子焼が生まれたという説。もう一つは天保《てんぽう》年間（1837年～1844年）に、江戸のべっ甲《こう》細工師、江戸屋岩吉が明石に滞在中の冬の寒い日に袖の下に鶏卵を入れたところ、不注意で卵が割れて白身が流れ出し凝固、そこから黄身と当時よく取れたタコを利用して玉子焼きが生まれたとする説です。発祥の地は明石なのですが、どういうわけか神戸のご当地グルメにもなっています。

「播磨のつれ小便」という言葉は、他人のマネが上手という意味ですが、県民性からみると、明石焼きをつくったのは、ひょっとしたら江戸の人だったかもしれません。

いつの間にか全国区の「そばめし」

「そばめし」とは、コテで細かく刻んだ焼きそばをソース味のご飯と一緒に炒めたもの。大手食品メーカーから冷凍食品が発売されて全国的に有名になりましたが、発祥の地は神戸市長田《ながた》区です。神戸のお好み焼き屋さんなら、必ずと言っていいほどメニューに載っています。

お店によって甘辛く煮込んだスジ肉を使った「スジそばめし」や、スジと蒟蒻《こんにゃく》を細かく刻んで柔らかく煮込んだ「スジコン」などが楽しめますが、一番人気は、黒毛和牛の牛スジが入った「ぼっかけそば焼」でしょう。

神戸の中心街・三宮の地下街の一角にある、さんプラザの地下一階に『長田タンク筋《すじ》』という店があります。

このお店の売りは、なんと言っても長田発祥の「ぼっかけ」。いつ入っても甘辛いソースの香ばしい匂いが漂ってきます。

京阪神の中では比較的歴史の浅い神戸は、京都や大阪と違ってご当地グルメがそれほど多くありませんが、代わりに各飲食店のメニューが人気です。

そばめしで言えば『長田タンク筋』、元祖豚まんの『老祥記《ろうしょうき》』、神戸コロッケの『森谷《もりや》商店』、味噌だれ餃子の『元祖ぎょうざ苑《えん》』などは観光客にも有名です。

第3章　けったいな京阪神の日常

実は健康寿命が短い京阪神人

明るく冗談が好きでノリのいいイメージがある京阪神の人たちには「健康で長生きしそう、健康寿命が長そう」といったイメージがありますが、実際はどうなのでしょう。健康寿命とは、健康上の問題がない状態で日常生活に支障なくいられる期間のこと。平均寿命に比べると、健康寿命のほうが短くなります。

２０１５年の健康寿命ランキングでは、男女ともに第1位は山梨県。男性は72・52歳、女性は75・78歳でした。ちなみに、山梨は平均寿命は男性25位で79・54歳、女性は13位で86・65歳でした（２０１３年）。

続いて、京阪神の健康寿命と平均寿命を見てみましょう。男性の健康寿命は兵庫県が42位で70・62歳（平均寿命は24位で79・59歳）、大阪は43位で70・46歳（平均寿命は41位で78・99歳）、京都は45位で70・21歳（平均寿命は6位で80・21歳）でした。男性は3府県とも健康寿命はとにかく短く、特に京都は平均寿命は6位と長生きなのに、健康寿命は下から3番目の45位という厳しい現実に。なんとかしたいところです。

兵庫も京都ほどではありませんが、平均寿命が長いのにもったいない。どちらも生活習慣の見直しが必要でしょう。

もう一つ大事なのは、平均寿命と健康寿命の差が大きくなると日常生活に制限のある「不健康な期間」が長いということ。この差が拡大すると、医療・介護にかかるお金が増大します。

健康寿命1位の山梨は男性は7・02差、女性は10・87差です。男性の場合は最も差が大きかったのは京都の10・00、続いて兵庫の8・97、逆に差が少なかったのは大阪の8・53でした。つまり、**大阪の男性は周りに迷惑をかけないということになります**。

女性の健康寿命は兵庫県が44位で73・37歳（平均寿命は35位で86・14歳）、京都は45位で73・11歳（平均寿命は14位で86・65歳）、大阪は47位で72・49歳（平均寿命は40位で85・93歳）でした、京都女性は平均寿命14位と長生きなのに、健康寿命は45位と男性同様低いのはどうしてなのでしょうか。

平均寿命と健康寿命の差では、女性の場合は最も差が大きかったのは京都の13・54、次いで大阪の13・44、逆に差が少なかったのは兵庫の12・77でした。

なぜ京都人はお金に細かいのか

京都の人はプライドが高く、世間体を気にするところがあります。その反面、お金には細かくしっかりしているのです。バーゲン情報にはきわめて敏感ですし、預貯金については「**金利や粗品で取引銀行を替えてしまうほど**」と言われてきました。実際、京都では他の地域に比べ、郵便（貯金）や信用金庫・信用組合が強く、銀行が苦戦していると言われます。これは主に金利の違いが原因と考えられます。

金融機関同士の競争も激しく、特別キャンペーンや懸賞つき定期預金、ポイントサービスなどを打ち出して顧客の取り合いをしています。

昔ほどではないのですが、京都は貯蓄志向が高いため金利が重視されているのです。おっとりしたイメージがありますが、おおよそお金については大阪に負けないくらい細かいと言ってもいいかもしれません。

なぜ京都人がお金に細かいのか。その一因には観光客の存在があるかもしれません。京都市を訪れる観光客数は、年間約５０００万人超と言われています（京都市京都観光総合調査より）。京都に限らず観光客相手のビジネスは一見客が多いため、季節によってモノの価格を上げたり下げたりと、常連客と一見客で価格を変えるような商売の仕方が生まれやすい。これが価格に敏感な気質を生むことになったとも言えます。

昔の日本人は、着るものが古くなったらオムツにして使い、オムツがボロになったら雑巾にして使っていました。これは京都だけでなく多くの地で行われていたことですが、京都人は、晴れ着がくたびれたら野良着に、野良着が古くなったら寝間着に、寝間着がくたびれたら雑巾に、雑巾がボロボロになったら、その雑巾を燃やして灰を植木にかけたと言われていました。

しかし、よく考えるとこうしたモノの「始末」の在り方は優れた発想であり、決してケチという表現にはあてはまらないと思うのです。むしろ現代の、**モノは最小限で無駄遣いをしないという〝ミニマリスト〟の生き方にも通じる**ような気がします。

京都は昔から食物が豊かではありませんでした。そのため、庶民はつつましい生活を送らねばならなかったのです。加えて、京都は日本の都でしたから、過去、多くの戦いの場になったところです。庶民から見ると、他国の軍隊が踏みつぶして行くわけですから、たまったものではありません。いつ、戦いが起きるかもしれないのですから、必然的にモノやお金を大事にする風土が形成されていったとも言えます。

「もったいない」「損して得取れ」の大阪人

突然ですが、みなさんの地域の灯油のポリタンクは何色でしょうか？　赤色の人は東日本、青色の人は西日本に住んでいるはずです。

ストーブなどに使う灯油のポリタンクは、元々は白や、透明っぽいタンクでした。私が子どもの頃は、出身地である横浜では白しか見たことがありませんでした。その後、灯油は危険物だからと関東では赤色に着色します。それを見ていた関西勢も赤色にしようとしたのですが、調べてみると赤色はコストが高い。そこで「色がついてたら、ええやろ」ということで安い青にしたと言われているのです。「コストがイチバン」「外観など気にしない」、実に大阪人らしい発想なのです。

また、トイレットペーパーは、東京はダブルが7割に対して、大阪は3割しかありません。メーカーに、どちらがお買い得ですかと聞いたところ「シングル」だと言います。大阪の人は感覚的に分かっているのでしょう。食パンは東京は8枚、6枚が主力。対して、関西は4枚、5枚ですが、これはイギリス文化の影響でパン好きになったため、「薄いのはパンではない」という刷り込みがあるからかもしれません。

大阪と言えば、お客さんと店員さんの「なんぼ負けてくれる？」「大将、かんにんして」という値引き攻防戦もよく目にします。全国区の家電量販店進出で昔のような「値切り」は減りましたが、まだまだ健在。大阪では、こちらが何も言わなくても「これ、こっからもっと安くしまっせ」とお店の人が値切ってくれたり、「そんならこれもオマケして」とお客さんがさらに上を行くような光景が今でも見られます。

前述した健康寿命のデータにあるように、昔から大阪は中高年の寿命が短いと言われてきましたが、大阪のドクターに聞くと**「来るのが遅い。どこも悪くないなら、人間ドックに行くのはもったいないという考えが原因」だそうです**。もったいない精神で寿命が短くなるのは、それこそもったいない気がするのですが……。

もったいないと言えば屋外広告の看板も、スペース一杯にごちゃごちゃと描かれていないと、広告主のＯＫが出ないのだとか。お金に細かいというより、コスパ（コストパフォーマンス）の高低に細かいと言うべきでしょう。大阪人が「銭湯に行くと必ずサウナに入る」は、まさにこの考え方を徹底しているからこそ。

割り勘ルールが浸透しているのも大阪です。その場で払うこともあれば「さっき○○で出してもらったから、ここは私が払うわ」などもよくあるパターンです。

また関西の結婚式では、招待客の交通費やホテル代に加えて、お車代を出すのが常識です。どうして、そうなったのでしょうか？

①上方《かみがた》商人は「汚く儲けてきれいに使う」から。もらうほうはフリーに使えるし、払うほうは出費として計上出来る

②上方商人は「損して得取れ」の精神だから

③祝いをもらうのだから、お車代を出すのは当然

④もてなし「おため（※）」の風習から

⑤自分ももらったから

どれも当たっているような気がします。

また、大阪はタクシーに比べてハイヤーがあまり多くありません。ハイヤーなんか使うのがもったいない、からだとか。その代わり、大阪のタクシーの車体は黒が主流。ハイヤー風にしているからなのです。つまり、タクシーをハイヤー代わりに使うという意識なのです。クラブなどでも、たまたま店が混んでいて、自分たちのところに女の子が少ないと、必ず大阪人は文句を言います。「同じカネを払ってんのに、なんで女の子がけぇへんのや」という感覚なのです。大阪人のコストパフォーマンス意識はどこまでも徹底しているようです。

※おため……結婚祝いを頂いたとき、その場でお返しとして、頂いた結婚祝いの金額・御祝品の有無には関係なく、ほんのちょっとした気持ちのものをお返しします。それがおため・おうつり・お多芽です（夫婦紙・おため返しという言い方もあり）

神戸人のスマートな金銭感覚

お金にシビアな京阪神の中でも、神戸の金銭感覚は少し違っています。関西を代表する高級住宅地・芦屋《あしや》などの存在や、昔から海外の文化がダイレクトに入って来た風土なども関係しているのかもしれません。

京都や大阪は「いいものを安く」ですが、神戸は「いいものは高い」という考え方も通じる土地柄。神戸はどちらかというと、西日本というより東日本、それも東京や横浜に近い気質なのです。

私は東京生まれですが3歳のときに横浜に引っ越し、思春期は横浜でしたから出身地は横浜になります。小学校時代は先生たちから、「世界の船は必ず横浜に立ち寄る。それは横浜の水がおいしいから」と聞かされましたし、少し大きくなると「流行は横浜の元町から」と、横浜の凄さを教えこまれて来ました。そのせいか、神戸に行ったことがないのに親近感を持っていました。大人になってからは神戸に行くようになりましたが、親近感は変わりません。

神戸と横浜は、ともにイギリス文化の影響を受けたせいかもしれません。この2都市は似ています。ともに幕末に開港し、その後産業都市になり東日本、西日本の№・2都市になり、かつ大都市大阪・東京の西側に位置しています。またともに中華街があって、プライドが高くおカネにはおおらかです。

例えば、神戸には地元を代表するコーヒー店『にしむら珈琲店』があります。戦後、まだまだコーヒーが手に入らず大豆の代用コーヒーが使われていた時代に、神戸北野で本物のコーヒーを提供したのが始まり。

それ以来、時代が進んでドトールやスターバックスのような手軽なコーヒーの時代になっても、厚手の陶器のカップに入った宮水《みやみず》で淹れたしっかりとしたコーヒーを店員さんが運んでくれる「珈琲店」のスタイルを守り続けています。

大手チェーンに比べると決して安いわけではないのですが、それでも神戸の人に「コーヒー言うたら、にしむら珈琲」と言われるぐらい愛されているのです。

京阪神の人間関係のコツ〜京都人とはじっくりと〜

1000年以上にわたって、日本の中心だっただけに京都人との付き合いは一朝一夕にはいきません。

昔から人の出入りが多い都の人間だけに、よそものをあしらうのは上手。一見、おだやかに接していても、深い部分にはなかなか踏み込ませないのが京都人。あくまでよそから来た人は「一見《いちげん》さん」なのです。古いものを大切にするとともに、新しいものに対する意識も強く常にアンテナを張っています。

冷静かつ、ものの言い方も慎重で、感情をあまり表に出さないですし、本音と建前を使い分ける傾向も相変わらず。こちらから積極的に動かないほうがいいでしょう。京都人は顧客のほうから条件を提示しないことが多いので、ビジネスはやりにくいと感じるかもしれません。駆け引きに長けているので、こちらに有利に商談をまとめるのは容易ではないのです。

また、長年の取引で安心していると、平気で有利な条件のほうに鞍替《くらが》えすることも。担当者だけではなく、上司のところにも足を運ぶこと。理不尽なところがあっても、じっと耐えることがビジネスでのお付き合いの基本です。

とにかく**時間をかけてじっくり付き合うことが京都人との人間関係においては求められる**のです。

大阪人とはこちらから人間関係を

東京は「人間関係が出来る」と言われます。そのこころは、お互いにフラットに接しているうち、つまりビジネスライクな関係であってもいつしか東京では結果的に人間関係が出来ていくということ。名古屋は「人間関係がある」と言われるぐらい、独自の人間関係が最初から出来あがっている土地柄。これに対して、大阪は「人間関係をつくる」と言われてきました。

「そないに水くさいこと言わはんなや」。大阪ではこちらが遠慮してちょっと距離を置くような素振りをすると、そんなふうに言われることがあります。水くさいとは水道の水が匂うということではなく、「よそよそしい」という意味。

大阪人はそれぐらい、身内だけでなく知り合った人とも親しく付き合うのが基本なのです。そのために、親しい間柄なのに手を貸さなかったりするようなことがあると、「薄情なやっちゃな」と言われてしまうことも。

大阪人は、言うまでもなく機を見るに敏。利にさとく、小回りも利き粘りもあります。

とにかくお金にはシビアなのでビジネスのお付き合いは大変。「考えときまひょ」などという曖昧《あいまい》な表現も多いのです。「で、なんぼ?」と来たら、ボケとツッコミで対応するのがベター。駆け引きを楽しむ顧客が多いので、商談に時間がかかります。イライラせず、価格で対応出来ればそう難しくはありません。

企業というより、個人のパーソナリティを評価する人が多いのも大阪人の特徴。過去の実績にもこだわりません。「オモロイやっちゃ」と思われれば一緒になって考えてくれることも多いのです。とにかく元気で大きな声で話すこと。格好つけず本音で話すこと。失敗談も効果的です。東京に対抗意識があるので**「東京では……」は禁句**。アポなし訪問は意外に効果があります。

神戸人のプライドを傷つけるなかれ

京都や大阪に比べると、フラットな付き合いがしやすいのが神戸人。昔から外国人の出入りも多いので「来る人拒まず、去る人追わず」の土地柄なのです。

特に神戸人は好奇心旺盛で新しいもの好き。プライドが高く頑固なところもあるので、その人のこだわりをつかむのがポイント。新しいもの好きというところから「新製品」や「新提案」で攻めるとビジネスの糸口が見えてきます。ブランド志向が強いため、センスも大切です。

新たな企画や提案もダサいものは見向きもされないので、ちょっと尖《とが》ってるかなというぐらいのものを出していくぐらいで、ちょうどいいかもしれません。

ヒョウ柄ファッションは地元商店街で入手

大阪の女性はブランド好きですが、大阪らしい特徴があります。シャネルでも「C」の文字が大きいものが売れるなど、いかにもブランドものとわかるものが売れるのです。また、女性に限らず大阪人は派手好き。道頓堀の派手なネオン看板をはじめ、新世界でもどのお店も看板やＰＯＰの面白さを競い合っています。

ファッションにおいて、ヒョウ柄や原色のファッションが売れるのも、ニュース番組のインタビューでさえウケを狙うというのも、**すべて〝大阪人の目立ってナンボ精神〟の表れと言っていいでしょう。**

中でも、ヒョウ柄は大阪のおかんのシンボル。ヒョウ柄専門店もあるほどです。ところが昨年、ファッション通販サイト『ZOZOTOWN』でのヒョウ柄アイテムの年間購入金額などをポイント化して比べたところ、次のような結果になったそうです。1位／埼玉県、2位／大阪府、3位／岐阜県、4位／東京都、5位／福岡県。

「え、大阪が1位じゃないの？」と思ってしまいますが、1位の埼玉は江戸時代の頃から「江戸では何が流行っているの？」と、東京に追いつけとやってきた歴史があります。昨年はヒョウ柄が流行ると言われていたので、ヒョウ柄を買ったら1位になってしまったのでしょうか……。

しかし、やはりヒョウ柄なら大阪。2位だからといってヒョウ柄人気が衰えたわけではありません。大阪が2位になったのは、『ZOZOTOWN』のランキングでは金額がポイント化されていることも理由でしょう。大阪のおかんはちゃんと地元の商店街で買っているのです。大阪人は地元の商店街で売られている派手でお得なファッションを上手に取り入れるのです。ちなみに3位の岐阜はお金にシビアな人が多いところ。４位の東京、５位の福岡は女性の気が強くて姉御肌のところです。

同じヒョウ柄でも埼玉はワンポイントで控え目、大阪はヒョウの顔が中心で大きいのが特徴。

それもそのはず、大阪のおかんがヒョウ柄が大好きなのは、周りに強く見せるためだからです。心理学者に言わせても「ヒョウ柄を着るのは、強く見せるため」だとか。そんなことをしなくても大阪のおかんは十分強いような気もするのですが。

神戸っ子の定番「ファミカバン」

神戸の街を歩いていると、通学の女子中高生たちが決まって持っているカバンが目につきます。動物や子どものアップリケが付いた布バッグで、通称「ファミカバン」。神戸の子ども服大手メーカー『ファミリア』が手がけているカバンです。

ファミリアは２０１６年に放送された朝の連続テレビ小説『べっぴんさん』の主人

公・坂東すみれのモデルとなった、坂野《ばんの》惇子《あつこ》さんらが創業した神戸で生まれたアパレルメーカーです。

ファミリアのサイトによると、いちばん初めは『ベビーショップモトヤ』と名乗り、神戸の靴屋さんの一角にショーケースわずか2台を借りてのスタート。当時の日本には現在のようなデザイン性に優れたベビー服や子ども服はありませんでした。

子どものためにも「良質な素材、機能、しっかりした裁縫で愛のあるベビー服を」というモットーは近所の人たちの評判も良く、どんどんと顧客が増え、『株式会社ベビーショップ・モトヤ』へと成長していきます。その後名前をファミリアに変え、キッズ・ベビー用品を中心にベビー服、おむつ、子ども服、子ども向け用品などを取り揃え、ついには皇室御用達《ごようたし》になるほど成長しました。

それまで日本には子ども服専門メーカーのようなものはなく、ファミリアが日本で最初だと言われています。イメージキャラクターはシロクマの親子で、長きにわたって親しまれているだけあり、親子2代や3代にわたって愛用しているという家庭も少なくありません。

２０１７年10月から神戸市が『ファミリア』のデザインした「母子健康手帳」を交付することを発表したところ、「今持っているものと交換してほしい」という要望が相次いだぐらい、神戸っ子に愛されている存在なのです。

イギリス由来の洋服文化

ファッションといえば、70年代後半に東の横浜で生まれた「ハマトラ」と呼ばれたトラディショナルファッションに対し、西の神戸では上品で洗練された「ニュートラ」と呼ばれる神戸ファッションが注目を集めていました。

どちらかというと〝上流階級〟のような雰囲気を漂わせる神戸ファッションの源流はイギリスにあります。幕末に開港した神戸ではイギリスとの貿易が盛んでした。外国人居留地の設計にはイギリス人技師が関わり西洋的な区画整理が実行されました。また、神戸で最初に牛肉店を始めたのはイギリス人、洋服店を始めたのもイギリス人と、当時は特にイギリスの影響が強かったのです。

1872年に明治政府が「宮中における礼装は洋服をもって正装となす」との洋服着用太政官発令をしたことで洋服は急速に広まっていきます。

元々日本にはなかったタキシードやビジネススーツなどの「洋服」を扱う神戸で初めての洋服店は、神戸開港の翌年に誕生。イギリス人のカペルが旧居留地16番館（現神戸市役所東遊園地付近）に開業したのが始まりです。カペルに弟子入りした日本人最初のテーラーである柴田音吉は、1883年に神戸元町で『柴田音吉洋服店』を開業し、明治天皇のお召し服や伊藤博文などの洋服を仕立てたと言います。

当時は海外に行くことを「洋行《ようこう》」と呼んでいましたが、日清戦争後には東洋最大の海運の街となった神戸は海外と行き来する人も増え、洋行帰りの紳士たちの間にも「神戸洋服」の名が広がっていったのです。

京阪神の美人は神戸→京都→→→→→大阪

諜女性誌記者に言わせると、「シャンゼリゼを歩いている美人はほとんどベルギー女性」だそうです。つまり有名な通りだからといって、地元の美人が多いとは限らないということですね。

昔、ある関西の大学の学生たちが、京都の四条河原町を歩いている美女に「出身はどこですか?」という調査をしたことがありますが、京都の人は一割しかいなかったと言います。

大阪は、どちらかと言うと、阪急沿線など北大阪に美人が多いと言われています。アクセサリーでは北大阪がシックなもの好き、南はかわいい系と言われています。

今回、大阪の若者20人ほどに、「京都」「大阪」「神戸」で美人が多い順を挙げてもらいました。

その結果、①神戸、②京都、③大阪の順。兵庫は、神戸や阪神間だけでなく、全県的にもミス日本、ミスインターナショナルがよく出ると言われるエリアです。

ちなみに、私が設立した『ナンバーワン戦略研究所』が行った2014年の美人ランキングでは、1位/福岡、2位/秋田、3位/東京、4位/北海道、5位/京都、6位/神奈川、7位/兵庫で、大阪は17位でした。

さて、あるテレビ番組でこんなランキングを放送していました。

■「神戸男が選ぶえぇオンナ」
1位　神戸女　87票
2位　京都女　11票
3位　大阪女　2票

■「京都男が選ぶえぇオンナ」
1位　京都女　50票
2位　神戸女　44票
3位　大阪女　6票

■「大阪男が選ぶえぇオンナ」
1位　京都女　44票
2位　神戸女　35票
3位　大阪女　21票

お手数ですが
切手を
お貼りください

郵便はがき

150-8482

東京都渋谷区恵比寿4-4-9
えびす大黑ビル
ワニブックス 書籍編集部

お買い求めいただいた本のタイトル

本書をお買い上げいただきまして、誠にありがとうございます。
本アンケートにお答えいただけたら幸いです。
ご返信いただいた方の中から、
抽選で毎月5名様に図書カード（1000円分）をプレゼントします。

ご住所 〒 TEL（ - - ）	
（ふりがな） お名前	
ご職業	年齢 歳
	性別 男・女
いただいたご感想を、新聞広告などに匿名で使用してもよろしいですか？（はい・いいえ）	

※ご記入いただいた「個人情報」は、許可なく他の目的で使用することはありません。
※いただいたご感想は、一部内容を改変させていただく可能性があります。

●この本をどこでお知りになりましたか?(複数回答可)

1. 書店で実物を見て　　2. 知人にすすめられて
3. テレビで観た(番組名:　　　　　　　　　　)
4. ラジオで聴いた(番組名:　　　　　　　　　　)
5. 新聞・雑誌の書評や記事(紙・誌名:　　　　　　　　　　)
6. インターネットで(具体的に:　　　　　　　　　　)
7. 新聞広告(　　　　新聞)　　8. その他(　　　　　　　　　　)

●購入された動機は何ですか?(複数回答可)

1. タイトルにひかれた　　2. テーマに興味をもった
3. 装丁・デザインにひかれた　　4. 広告や書評にひかれた
5. その他(　　　　　　　　　　)

●この本で特に良かったページはありますか?

[　　　　　　　　　　]

●最近気になる人や話題はありますか?

[　　　　　　　　　　]

●この本についてのご意見・ご感想をお書きください。

[　　　　　　　　　　]

以上となります。ご協力ありがとうございました。

結果、最も選ばれたのは神戸の女性で１６６票。地元では87票を獲得し京都でも44票を獲得しています。２位は京都の女性で１０５票。地元では50票、大阪ではトップの44票を獲得しています。大阪の女性はわずかに29票。地元でも最下位の21票でした。これは前出したアンケートにも符合しています。

確かに、神戸っ子はセレブでお嬢さんなイメージがあります。外見だけでなく、言葉遣いも「ねえ、これ知っとう?（知ってる?）」という感じで、どこかかわいさを感じさせるのです。

最終的な番組内での決定は

■付き合うなら１番えぇオンナは?／神戸女
■結婚するなら１番えぇオンナは?／京都女
■不倫するなら１番えぇオンナは?／神戸女

という結果でしたが、いずれにしても神戸の女性はみんなの憧れだということでしょう（２０１１年「神戸大阪京都の女性人気Ｎｏ１はどこ!?」『年末特番「たかじん胸いっぱい大晦日3時間ＳＰ!」』より）

はんなりじゃない京都弁

どことなく、おっとりとして優雅なイメージのある京都。そこで使われている言葉も「はんなり」していて心地良さそうですが、実は他地域の人には正確なニュアンスを理解するのが難しいものがたくさんあります。京都弁は共通語に訳すのが難しいのです。

例えば「いけず」は単なる意地悪とは全然意味合いが違います。いじわるよりもう少し軽く、高雅な教養を加えて繊細な暖かさで包み込み、微妙な色気を含ませた京女特有の言葉だそうです。

「〜しはる」という語尾の敬語も京都独特。「えらい顔されたはるけど、どないしはったん？」と言われると、いかにも心配されているように聞こえますが、実は「心配半分、呆れや皮肉半分」のニュアンスもあるのでややこしいのです。

「おおきに」も意味自体が曖昧《あいまい》で、受け取り方が難しいと言われています。「承知」なのか「拒絶」なのかはっきり分からないのです。

自分がはっきりものを言うことで悪い印象を持たれないように、という京都人の知恵

が混じった言葉なのかもしれません。

他にも京都人に何かを依頼して「考えときます」と言われたら、あきらめたほうが良いでしょう。これはやんわりとした「拒絶」だからです。

厳しい意味合いの表現もどこか京都っぽくなります。例えば「そんなん、やめときよし」という言葉。

何かをしようとするのに対して「やらないほうがいい」という忠告の言葉ですが「やめておきなさい」と言われるより、どこか厳《げん》としてしかも情緒があります。

ストレートでどこでも目立つ大阪弁

けったいな京阪神の言葉の代表はやはり大阪弁でしょう。「考えときまっさ」「あら、ややこしいで」「かましません」「えげつない」「ぼちぼち」など、他地域の人には分かるようで分からない言葉遣いがたくさん。

大阪弁は、語尾が「です」「ます」で終わることが少なく、「〜よ」は「〜で」や「〜

わ」「〜や」などになります。「やるよ↓やるで」「ですよ↓ですわ」「早くしてよ↓早よせえや」といった感じです。この語感からも、大阪弁はなんとなくキツイという印象があるのかもしれません。

また、大阪弁は「が」抜きで、「あんた悪いんとちがうん」だとか、「に」抜けの「なんしてんねん」、「へ」や「に」抜きの「買物行くねん」「食べいこうか」といった言葉は日常でよく使われます。

また「あつい」は「あつ」、「どうや」は「どや」も。二人称で相手に対し「自分」や「自分ら」もよく使います。「自分何してんのん」など。東京の女性からは、大阪の男性の言葉はねちねちしていて気持ち悪いと言われることもあるのですが、**慣れてしまうとストレートでそれほど悪い感じはしません**。

ついでに言うと、大阪の人は、どこに行っても大きな声で大阪弁をしゃべります。これは大阪商人の影響でしょう。商《あきな》いでは大きな声が必要だからです。そのため他地域でも大阪弁は目立ってしまい「大阪の人はうるさいし怖い」という印象を持たれるのかもしれません。

やわらかな印象を与える神戸弁

「今、何しとう?」（今、何してる?）という言葉遣いは神戸独特。標準語では「なにしているの?」という言葉が、神戸弁になると「なにしとう?」となります。

神戸人の語尾は「～とう」「～とん」なのに対して、大阪人は「～てん」。例えば、神戸の人が「何しとう?（しとん?）」というのに対し、大阪の人は「何してんの?」あるいは「何してんねん」になるわけです。

もちろん、神戸の人がいつもおだやかな口調というわけではないのですが、やはり印象として大阪人よりも、どこかやわらかな言葉遣いをするという感じがします。

知っておきたい京都ルール

京都は、シーズンに入ると旅館やホテルの宿泊料金が上がります。もちろん、これは京都だけの問題ではありませんが、京都の場合は上げ方が尋常ではないのです。特にハイシーズンと言われる紅葉の季節10月～11月、桜や新緑の季節3月～5月は通常の2倍～3倍、場合によっては5倍に跳ね上がることも！

高級ホテルや旅館は、さすがにそこまで大幅に上がることはないですが、普段８０００円程度のビジネスホテルが３万円になったりするのには驚きました。

京都は海外のお客さんや国内ではシニアのお客さんが多いので、それでも需要のほうが強いのでしょうが、あまりにも宿泊料金が高いと「ふんだくりのまち」と言われかねません。

こうした宿泊料金の明らかな違いも「別に、うちらは来てほしいとは言うてません」という京都人の余裕やプライドの高さから来ているのでしょうか。

こんな話があります。ある男性が富山と金沢と京都の女性をデートに誘いました。富山の女性には「あなたなんて好きじゃないから」とスパッと言われたのですが、金沢と京都の人ははっきりとした返事をしないのです。

そして、実際にデートに来るのは金沢の人で、京都の人はまず来ることがないのだと言います。金沢は京文化が入っているため、京都に似ていますが、やっぱり違うのですね。

さて、京都を訪れると、濃紺のローソン、白い三菱東京UFJ銀行など、いつも見慣れたデザインとはちょっと違った色の看板を目にします。

中でも、ひときわ違和感を持つのが、世界中で派手な黄色と赤の看板を掲げ、グローバル化の象徴ともされるマクドナルドでしょう。

京都市によれば、条例で「けばけばしい色」はダメ、赤や黄色も避ける、となっており、マクドナルドの赤はえび茶色に抑えられてきたのです。

ちなみに、パリのシャンゼリゼ大通に面したマクドナルドの「M」のロゴ文字は黄色でなく、金色。屋根の色も茶色系だそうです。町名変更などさらさら考えたことはない京都人。このプライドの高さが、**世界のマクドナルドまでを動かしてしまうのは、ただただ凄いの一言です**。

ちなみに京都の地名で他地域の人が混乱する上ル下ルの見方は次の通り。

《例》

・高倉通仏光寺下ル新開町（正式には新開町）

高倉通…南北の通り
仏光寺…東西の通り
下ル…南に行く（鴨川の流れ）

時間のルールでは昔、地元の方に教えて頂いたことがあります。京都でお呼ばれしたときは、時間ちょうどではなく5分ぐらい遅れていくこと。それは先方があわただしいからです。

また、料理を出すことになった場合は、それなりの仕出し屋さんからとること。奥さんがつくってもいいのですが、万一おいしくなかった場合に、〇〇さんも味が落ちてしまってと言えるからだとか。

さらに、お客として呼ばれたときに料理は少し残しておくこと。足りなかったのではと思われるからです。

女性の巨乳NO・1は京都!?

女性向けラブコスメグッズの販売サイト『エルシーラブコスメティック』が行った調査で驚くべき結果が出ました。

同社は47都道府県に住む女性2350人を対象に女性のバストに関するアンケートを実施しました。自己申告による結果の平均で、最も小さいサイズであるAカップだったのは埼玉県でした。当時は、この情報が駆け巡って、「これで埼玉の女性は結婚出来なくなるのでは？」とも言われたものです。

逆に、**最も巨乳だったのは、京都と岐阜のEカップでした**。この結果に対する女性週刊誌の取材に私はこう答えました。

「京都人は表と裏を使い分ける性格を持つ県民性なので、本当のサイズより大きめに申告している可能性が考えられます。また見栄っ張りな一面もあるので、大阪や兵庫など近くの府県よりも胸を大きくするためのケアに熱心なのかもしれません」

私自身、四条通りや寺町通りを歩いていて、巨乳らしき女性に出会ったことはありません。どちらかと言えばおとなしいAカップの人のほうが多い気がします。もちろん、いつもじろじろ見ているわけではありませんが……。

ちなみに、現在の全国標準は、１９８０年代頃は平均がAカップだったものが、徐々にサイズアップし「少し小さめのCカップ」までUPしてきているようです。

また、京都は同じアンケートで「勝負下着にかける金額」も1万円以上と全国トップになっていました。

これについては、京の着倒れという言葉があるように、京都人は見えるところだけでなく、見えない部分のおしゃれにも気を配り、お金をかける傾向があることの表れなのかもしれません。

体面を気にする京都人の性格から、見えない下着にも手を抜きたくないという思いが見えてきます。

ちなみに京都で好まれる勝負下着の色は「白」という調査結果になっていました。これも清楚で、はんなりイメージの京女ならではかもしれません。

とは言え、つくづく感じるのはアンケート調査（自己申告）の限界です。

京阪神の気質を再確認！

ここから京阪神のそれぞれの県民性と言うか、気質について見ていきましょう。さらに男女の気質の違いについても触れておきます。

◎京都気質ってどんなもの？

京都人は気難しい。それもそのはず1000年以上にわたって、日本の中心だっただけにプライドが高く、今でも日本の中心と自負している人が少なくないのです。京都ならではのこだわりも多数あり、「上ル」「下ル」「東入ル」などの町の呼び名を変更する気もありません。

「京都10代」（10代住んでやっと京都人扱いされる）の言葉通り閉鎖的なところはありますが、よそものに対して敬意を表し、柔和な感じの社交上手。古いものを大切にするとともに、新しいものに対する関心も強いです。冷静でものの言い方も慎重で、感情をあまり表に出さないし、本音と建前を使い分ける傾向も相変わらずです。

◎京都の男性の気質

京都男性は頭はキレますが、プライドが高く見栄っ張りな一面があります。何事にもこだわりのある人が多いですが、クールでしたたかなところも。また、昔「二枚舌の京都」と言われたように、本音と建前を使い分けることもしばしばです。

恋愛面では女性に気を遣いやさしいですが、駆け引き好きなところがあります。自分のことは話さず、相手のことは根掘り葉掘り聞きたがるところがあるのも特徴。いつもクールで燃え上がることは少ないから、情熱的な恋は期待しないほうがいいかもしれません。

京都男性へのアプローチはつかみづらいところがあって、攻略は簡単ではありません。客観的に相手を見極めるので、女性も少々計算高さと時間が必要です。こちらのペースに巻き込んでしまうこと、常に一歩離れておくことが長続きの秘訣です。

◎京都の女性の気質

京都の女性はいつも周りを気にしていますから、細やかでよく気が利きます。現状に甘えず向上心も強い。流行にも敏感ですが、ミーハー的な「軽さ」はありません。年齢以上にしっかりしているタイプが多いのも特徴。外見の大人しそうなイメージと違って、結構大胆な一面もあります。

恋愛では受け身になりがちですが、いったん燃えた恋の炎はなかなか消えません。ただ、約束したデートに現れないことがあります。これは相手によく思われたい気持ちから「ノー」とはっきり言えないのが原因です。

付き合っても気持ちを出そうとしないから、くたびれることも。表面上おとなしそうですが結構執念深い一面もあります。京都を理解出来る人が好みです。

京都女性へのアプローチの仕方は駆け引きを楽しむなら、言っていることを本気にしないで付き合うこと。彼女の本心を探るまで、一歩離れて時間をかけて付き合うしかありません。気位が高いため、値段というよりも、気を遣われる自分に酔うのでこまめなプレゼント攻撃にも弱いです。デートスポットやファッションは中途半端はダメ。粗野な男は嫌われます。

◎大阪気質ってどんなもの?

大阪人は、とにかく金銭感覚が鋭い。商人のまちの歴史から価格意識が強く、いかに安く買ったかが自慢になるほど。お土産は重くてかさばるものが人気。反面、物惜しみしないしあきらめがよいところも。

「食い倒れのまち」ですから、牛肉、ふぐなどもよく食べます。また、エネルギッシュで、せっかちで行動力があります。気さくなので、初対面を気にする人も少ない。新しいビジネスが数多く生まれたように、新しいものにも敏感です。

ただし、東京を毛嫌いする面も未だに強いのでジャイアンツの話題や「東京では〜」という話の振り方は気をつけたほうがいいでしょう。

◎大阪の男性の気質

気さくで、明るくて話し上手、バイタリティもあります。お金に細かいと言われますが、正確に言うとコストパフォーマンスにこだわります。価値があれば「それええやん、いっとこか」とそれなりの金額をサッと払える気前の良さも。

新しいモノ好きで、基本的には遊び人で目立ちたがり屋。どこでも誰にでも声をかけます。〝いらち〟でマナーもイマイチなところがあり、クルマの運転マナーもいいとは言えません。黄色信号は本来「安全に停止出来ない場合を除いて止まれ」の意味ですが、大阪男性は**「黄色は注意してはよ行けやろ」**と思っているふしがあります。

大阪男性が恋愛にも積極的なのは、根っからのオンナ好きなためかもしれません。ホレると一途に口説きますが、冷めるのも早い傾向が。一方で意外に純情な一面もあります。明るくてかわいい女性が好みです。

大阪の男性と仲良くなるには、まず、自分の失敗談を明るく話すこと。あとは、軽いノリで告白すればいいでしょう。相手がキツイ言い方をしても、心の中ではそれほどではないので、話10分の1と思ってください。最初はボケ、慣れてきたらツッコミで勝負。浮気っぽいので、時々すねてみせるのも効果的です。

◎大阪の女性の気質

エネルギッシュな行動派で、どこにでも出没します。とにかく気が強く陽気でよくしゃべります。「え、それなんなん?」などとツッコミが多いですが、口で言うほど思っているわけではありません。

経済観念の凄さは男性以上ですが、基本的には浪費家。流行にも敏感で、ブランド大好き。一方、外見に比べて内面が女性らしい人が多いです。ブランドものはロゴの大きいものが好きな人も多いです。

大阪女性は恋愛面も気さくで、妙な気取りもなく、気軽に男性と付き合います。しかし気さくなのが災いして、デリカシーに欠けるきらいが……。表面上は男を立てるが気は強く生活力のある男性が好みです。

大阪女性には変に気を遣わず率直に誘えばよいでしょう。うじうじとしている男性は「なんなん？　はっきりしいや」と嫌われます。快活なイメージと裏腹に、大阪の男性が女性を立てないため、意外にもやさしい言葉をかけられると弱い。

意外にムードを大切にするところがあるので、高級レストランで食事をしたり、ブランドものなどのプレゼントをするのは効果大です。

◎神戸気質ってどんなもの？

京都人の歴史と伝統から来るプライドの高さとはまた違ったプライドを持っているのが神戸人。神戸というまちへの愛着と一体になったプライドと言ったほうがいいかもしれません。

外国人に対してもオープンで誰とでもフラットに付き合えるのが神戸人の特徴。とは言え、同じ神戸でも、芦屋、西宮《にしのみや》などの東のほうは「神戸人」というより、それぞれの地域への帰属意識が高く、神戸市内でもそれぞれのエリアでちょっとずつ雰囲気が異なるので、神戸人を知るには地元の人と付き合う時間が必要です。

◎神戸の男性の気質

新しいモノ好きでチャレンジ精神も旺盛。知的なお坊っちゃんタイプが多く、プライドが高く好き嫌いも激しい。西部の男性は明るく軽快だが、保守的で見栄っ張り。北部の男性は控え目だが粘り強い人が多い。神戸市ではありませんが、淡路はのんびりしていて人がいいというような違いがあります。

恋愛には積極的なのが神戸男性。社交性もあり付き合いやすいですが、移り気なところがあります。個性的な女性が好み。

アプローチするときに考えないといけないのは女性を見る目が厳しいこと。身なりやメイクの手抜きは許されないと思ったほうがいいでしょう。ベタベタ甘える関係も嫌うので、クールな女性と思わせるのがポイント。プライドを傷つけられると立ち直りに時間がかかるので注意が必要です。

◎神戸の女性の気質

女性は、何事にもこだわりのあるタイプが多いのが特徴。ファッションでも自己主張をするところがあり、ちょっとした小物のセンスもいい。いろんなことに興味を持つ反面、気が変わりやすいところがあります。

恋愛はマイペースですが、男性に対しても好奇心旺盛で注文もうるさく、スマートな男性が好み。

神戸女性へのアプローチでは、しつこい男やお金に細かい男を嫌うので、やたら電話やメールをしないこと。

あとは「じらし」が効果的です。

ファッションが泥臭いのはダメ。プレゼントはしゃれた小物がベター。気が変わりやすいところがあるので、普段の観察が必要。デートスポットは通好みの店を選ぶとポイントが高くなります。

京都タワーはなぜ131メートル？

今では京都のランドマーク的存在になっている京都タワー。京都駅烏丸《からすま》中央口前に一際大きくそびえ立つ展望塔として、京阪電鉄のグループ会社である京阪ホテルズ&リゾーツ株式会社が運営しています。台座となっている京都タワービルの高さを加えた全体の高さは131メートルで、1964年12月28日に開業しました。京都市内はもちろん、天気の良い日には大阪市内も望むことが出来ます。

意外に知らない人も多いのが、**京都タワーの真下、地下3階に大浴場があること**。公式HPによると、約130㎥の広さがある男湯は、浴室のほぼ中央にある豆のような形状の大きな浴槽が印象的で、中心部分にある噴水からは、たっぷりのお湯が涌き出ています。壁には大文字山《だいもんじやま》や京都タワーが影絵のように浮かび上がり京情緒が楽しめます。早朝7時から営業しているので夜行バスなどで京都に着いた後、お風呂に入ってからさっぱりと京都観光を楽しむのにもぴったりです。

ちなみに京都タワーが131メートルなのは建設当時の京都市の人口が131万人だ

ったからだとか。２０１６年3月末現在、京都市の人口は１４７万人。50年以上経っても人口はあまり変わっていません。それどころか、近年は人口が減少中。この調子だと、２０３０年頃は再び１３１万人になっているかもしれません。

京都料理の定番「おばんざい」

京都の親しみやすい食文化と言えば「おばんざい」。古くからの商家や旧家が多かった洛中（京都市中心部）では、切り干し大根やひじきのような乾物《かんぶつ》、おから、旬の野菜などを食材にした、食べ慣れたおかずのことを「おぞよ」や「ぞよもん」、「おまわり」と呼んでいました。

魚などの比較的高価なおかずはこれらと区別して「お焼きもの」などと呼んでいたのです。おばんざいとは、このような日常的な総菜の総称。たまに、「おばんざいと言うけど、ただのおかんのおかずや。それで１０００円は高い」と言う人がいますが、実はその見識は正しいのです。

京都では、かつては海から遠く離れているため新鮮な魚介類の入手が困難であった一方で、塩干物、乾物、豆腐、旬の野菜や山菜などを使った料理が、禅宗の食文化の影響を受けながら発達して来ました。

おばんざいは、昆布や鰹節のだしのうまみを生かし、安い旬の野菜や乾物をおいしく頂く京都の食の知恵なのです。

日経新聞の調査によると「ばんざい」という言葉が登場する最も古い文献は、１８４９年に関西で発行された料理本『年中番菜録』だとか。大根など食材ごとに煮物や汁物のつくり方が書かれた、今で言う家庭料理のレシピ本。当時は、一家の主人は高級な仕出し料理を、奉公人たちはおばんざいを食べていたそうです。

この、おばんざい。京都では、「おばんざい」と書かれた看板を目にしますが、京都の一般人はおばんざいという言葉は日常では使わないそうです。

元々、庶民向けの食事だったおばんざいなので、いかに観光客用と言っても、高くしないようお願いしたいところです。

京の三大漬物の歴史

京都が誇る3つの漬物をみなさんご存じですか？　**京都の三大漬物と言えば、「千枚漬け」**、**「しば漬け」**、**「すぐき漬け」**。京都三大漬物の中で一番全国的にもポピュラーになっている商品がしば漬けでしょう。発祥は三千院などの古刹《こさつ》（由緒ある古い寺）がある大原で、その歴史は800年以上。

すぐき漬けの「すぐき」は「酸茎」とも書き、カブの一種を漬け込んで乳酸菌発酵させたものです。

千枚漬は江戸時代後期に生まれました。当時、京都御所で天皇に仕えていた料理人・大黒屋藤三郎が考案。薄く輪切りにされた大判の聖護院かぶらの漬物は、見栄えもそれまでの漬物とは違い、宮中で喜ばれたそうです。

慶応元年、御所を下がった大黒屋藤三郎は、京都市内に自身の名を一文字ずつ取って『大藤《だいとう》』を創業。この店で売り出された千枚漬けが起源となり、今もなお千枚漬けの本家として約150年間その暖簾《のれん》と味を受け継いでいるのです。

この三大漬物の価格の安い順は「しば漬け＜すぐき漬け＜千枚漬け」です。今では漬物がおいしい土地と言えば「京都」が思い浮かびますが、なぜ京都で漬物が発展したのでしょうか？

昔はたびたび飢饉があり、そのために野菜類などの備蓄が必要だったからでしょう。また京都は、南北朝時代は京都争奪戦が何度も行われ、応仁の乱では市街地、特に北側の大半が焼失し荒廃、その後もたびたび戦乱に巻き込まれたところだけに、漬物は必需品だったと思われます。

また、京都では暮らしはつつましく目立たぬように、特に使用人には「食封じ」（おいしいものを食べさせなかった）してきたところだけに漬物が発展したと言う人もいます。

先の戦いっていつだ？

終戦直後のこと。ある書物を探している人が、京都ゆかりの元首相・近衛《このえ》文麿《ふみまろ》を訪ね、陽明文庫（京都市右京区）に保管されていないかどうかを尋ねました。「戦争で焼けた」

と言う近衛に、「疎開しなかったんですか」と聞くと、こう返ってきたそうです。

「焼けたのは、応仁の乱のときですよ」（参考　京都新聞2017年4月14日）

話の真偽は不明ですが、京都人にとって先の戦いは「応仁の乱」といううわさは全国で語られています。いかにも京都人らしい話でありますが、本当に今でも京都の人はそう思っているのでしょうか？

そこで、京都新聞では「先の戦いと言えば？」というアンケートを実施しました。アンケートは、京都市内で生まれ育った人、または嫁いで来ておおむね30年以上暮らす人を対象に実施したそうです。

京都人に「先の戦いと言えば？」と聞くと、約7割が「第二次世界大戦（太平洋戦争）」と答えたそうです。「市外の人が面白がって言っているだけ」と一笑に付す人も多かったそうなのですが、「応仁の乱」と答えた人が3割もいたのだとか。先の戦いに「桶狭間の戦い」や「姉川の戦い」を挙げる人は、さすがに誰一人いませんでした。

やはり、京都人、特に代々京都に暮らす人にとっては「応仁の乱」は京都が最も荒れ果てた時期を思い起こさせ、そこからの復興によって現在の京のまち並みにもつながっていった、忘れてはならない戦いなのかもしれません。

特に京都の代表的な祭りである祇園祭は、応仁の乱が起きた1467年から33年間も途絶えました。一方、第二次大戦による山鉾巡行《やまぼこじゅんこう》の中断は4年間だけ。長い戦いの後、町衆の結束力によってよみがえった祇園祭があれほど京都のまちの人を熱くさせるのも分かるような気がします。

「縁結び」より「縁切り神社」？

神社と言えば「縁結び」を願いに行くというのが一般的ですが、京都には「縁切り」を叶えてくれる神社があり全国から大勢の人が訪れています。

噂の「縁切り神社」は京都の「安井金毘羅宮《やすいこんぴらぐう》」。悪縁切り&良縁結びのパワースポットとして大人気です。

公式HPによると、縁切りをするのは高さ1・5メートル、幅3メートルの絵馬の形をした巨石で、中央の亀裂を通して神様の力が円形の穴に注がれているのだそうです。

「○○さんと幸せに結婚出来ますように」というしおらしいお願いごとから、「夫と浮気相手との縁を切って下さい」といった生々しいものまで、さまざまな願いが書かれた「形代《かたしろ》」と呼ばれる身代わりのお札が貼られ、碑が見えないほどになっているのです。悪縁切りの効果があり過ぎて絵馬が怖いのも有名です。

なぜ、そんなに効果があると言われているのかというと、ご祭神が、「日本三大怨霊」とも呼ばれた崇徳《すとく》天皇だから。崇徳天皇は四国の金刀比羅宮で一切の欲を断ち切って参籠（おこもり）されたことから、古来より断ち物に効果があると信仰されてきました。

また、四国の讃岐へと島流しにされ、失意の中で亡くなり、怨霊となってしまった崇徳天皇の念の強さは相当なものがあるとされ、その御利益に信憑性があるように思えるのです。

つくづく思うことですが、SNS時代の今日、ちょっとしたことで、情報は大きく拡散していきます。安井金比羅宮神社も、他の神社にない「悪縁切り」を上手に活用しているのです。

「どこから来たの？」に「神戸」と答える兵庫県人

兵庫県の人は「どこから来たの？」と聞かれた場合、「兵庫県です」と答える人は少なく、ほとんどの人は「神戸」と答えます。これは全国的傾向で、例えば、神奈川や愛知の人はたとえ横浜や名古屋ではなくても、「横浜」「名古屋」と言います。また、埼玉県や千葉県、岐阜県の人は、東京でも名古屋でもないのに、東京から、あるいは名古屋から来たと言います。これは、いちいち説明するのが面倒だからなのです。

兵庫県でも神戸でない人は聞かれると「神戸」と言います。しかし、最近は西宮、宝塚と言う人も増えています。これは、神戸とのブランド差が縮まっているからでしょう。

また、神戸も正確に言うと、北区と西区以外は京都でいう洛外になります。

ご存じですか？　京阪神の交通事情

地元の人に言わせると、京都は各鉄道駅のターミナルがバラバラで乗り換えが不便。

また、京都は運転のマナーが悪い。道路が狭いため渋滞が多く、バスは時間通りに来ない。路上駐車も多いしタクシーもサービスがいいとは言えない。イメージ的には大阪のほうが悪いと思いがちですが、京都のほうがバスもタクシーもマナーは悪いと言います。

京都市内の主な観光地を結ぶバスが乗り放題となる「一日乗車券」について、京都市交通局は現在の500円から値上げするのではと言われています。外国人観光客が増え、年間600万枚以上を売り上げる商品となったのですが、車内は混み合い、運行の遅れも目立つため市民が利用出来なくなっているのがその理由。

京都市では地下鉄も使える一日乗車券のほうは値下げして地下鉄の利用を促し、混雑の解消につなげたい考えなのでしょう。

何かと便利な大阪の鉄道

大阪市の地下鉄は一日230万人が利用しています。特に御堂筋《みどうすじ》線は東京メトロの銀座線や丸ノ内線をしのぐ「日本一混雑する地下鉄」と言われているのです。

その反面、大阪の地下鉄は御堂筋線や堺筋線《さかいすじ》などタテの路線と中央線や千日前線のヨコの路線があって分かりやすく、乗り換えもしやすいです。確かに東京の地下鉄は慣れない人には複雑で分かりにくいかもしれません。

ＪＲ西日本の東海道・山陽本線には「新快速」という電車が走っています。この、新快速の走る区間は、福井県の敦賀《つるが》、滋賀県の米原《まいばら》から兵庫県の姫路の先の上郡《かみごおり》までと範囲が広いのが特徴です。最高速度は名前通り速く１３０km／ｈで、在来線の快速電車の中では最速。それも、乗車券のみで乗れるだけにいつも混雑しています。停車駅も比較的少なく、通過駅がとても多いことでも良く知られています。ＪＲ西日本の在来線の稼ぎ頭なのです。

高級イメージが強い神戸の沿線

京阪神に路線を持つ阪急電鉄は、沿線開発とセットで鉄道を建設してきました。阪急の創始者の小林一三《いちぞう》が大阪と宝塚を結ぶ鉄道をつくり、これだけでは収益が出ないので、動物園や宝塚歌劇団をつくり集客した上で沿線を住宅開発していきました。

阪急は百貨店とともに高級なイメージが特徴です。そのため沿線は高級住宅地になり、阪神間での成功者が憧れるまちになりました。そのせいなのか、電車も駅もとてもきれいです。また、なぜか社員には鉄道好きが多いのだとか。

京阪神の鉄道沿線ヒエラルキーでは阪急＞京阪＞ＪＲ・阪神＞近鉄・南海とも言われます。関西の中では、阪急が最も上流、次いで京阪が通っていれば京阪。阪神間は３本走っていますが、最も上流なのは阪急で次にＪＲ、最後は阪神になります。

大阪の「いらち現象」とは⁉

「いらち」とは、せっかちのことで、イライラする、気が短い、心が落ち着かないことを言います。よく大阪人同士が「いらちやなぁ」「お前に言われたないわ」と言ってるのを見聞きしますが、大阪の「いらち現象」とは、どのようなものなのでしょうか？

①フライング……大阪では、歩行中の黄信号は「気いつけて渡れ」だと言います（本来はもちろん違いますが）。なんと言っても上方商人だけに、何事ももったいない、車が来ないのだから行けばいいという考え方。

これではあかん、ということで大阪ではカウントダウン信号機が出来ました。それぐらい「いらち」が多い風土だというわけです。

車の場合はどうでしょうか。信号が黄色になったからと言って停車してしまうと、後ろからクラクションが鳴らされるか、下手すると追突されてしまいます。だから止まらず行くしかないのです。教習所でも「追突されないように進め」と習うのだそうです。ウインカーも曲がると同時に出す人も少なくありません。ウインカーを早くから出すのはなんとなくイライラするという感覚なのでしょうか。

迷惑駐車については、この間、あるテレビ局で前大阪市長の橋下徹《はしもととおる》さんと話しました。御堂筋の迷惑駐車については、「捕まるのはよそものばかりで」と言ったら「僕も対策に力を入れた」とのこと。２００６年の駐車監視員導入のおかげでずいぶん少なくなったようです。

②歩くスピード秒速1・6メートルで世界一……一昔前はメディアでよく取り上げられていました。この調査は国際交通安全学会の調査ですが、調べたのは国内17市町＋パリとマニラだったようです。ですから世界一と言い切るのは問題があるのですが、大阪人の歩くスピードが速いのは間違いありません。

あるテレビ局が測ってみたところ、東京と大阪は意外に同じスピードでした。ちなみに、警察庁は歩行者用信号の点灯時間を決める基準として、歩行速度を秒速1メートルとしています。

③ご飯だけ食べ始める……食べ物屋でご飯が先に来ると、おかずが来ないのに、ご飯だけ食べ始めるという人がいてびっくりします。おかずが先に来ても、おかずを先に食べます。とにかく待つのが嫌いだからとか。そのせいなのか最近はご飯とおかずのセットで出てくるお店が多くなっているようです。

実は世界基準の大阪ルール

エスカレーターに乗る際、東京では左側に立ち、急ぐ人は右側を歩きます。しかし、大阪では逆に右に立ち、急ぐ人は左を歩きます。日本では東京方式が主流で、大阪方式は関西、京阪神の4府県と仙台のみ。広島も福岡も東京方式なのです。

これが混在しているのが滋賀と京都。滋賀県の東の米原駅は東京方式ですが、南部の京阪電車の浜大津《はまおおつ》駅は大阪方式です。京都も地下鉄は東京方式ですが、京阪電車の三条駅は大阪方式となっています。

こんな状況ですから、他地域から来た人がエスカレーターに乗って初めて気がつき、慌てて右や左に移動する光景も少なくありません。

どうして、こうなってしまったのでしょうか？　歴史を紐解くと、1967年に阪急電鉄の梅田駅が新たなターミナルとなった際に長い距離のエスカレーターを導入。ところが、あまりにも歩く人が多かったのです。なんと言っても、大阪人はいらちですから、じっと立っている人が少ないのです。そこで、阪急ではパリやロンドンと同じように、

「急いでいて歩く人は左側を、立ち止まっている人は右側に寄るように」とアナウンスしたのが、大阪方式の始まりと言われています。

ところが、東京では、「人は右、車は左」にならって、逆にしてしまったのです。つまり、**大阪方式が世界標準、東京方式はローカルルールなのです**。また、東日本では仙台だけが大阪方式と言われてきました。しかし調べてみると混在で、地下鉄は大阪式、JRは東京式で、仙台市内の百貨店のほとんども東京式なのです。

京阪神のお中元最新事情

ここでは京阪神のお中元事情をランキング形式で見ていきましょう（髙島屋　都道府県　リアルタイムランキング　平成29年7/24　10時50分調べ）。

・京都…①京洋菓子（2214円　※以下、いずれも税込）②茶碗蒸しセット（3780円）③ゼリー（3348円）④京洋菓子（3326円）⑤京限定羊羹（2700円）

・大阪…①フルーツゼリー（3240円）②塩昆布他佃煮詰め合わせ（3240円）③

髙島屋限定堂島アイスロール（4860円）④京洋菓子（5000円）⑤京限定羊羹（5000円）

・兵庫…①芦屋シャーベット（2700円）②洋菓子（5400円）③洋菓子（4320円）④カレー詰め合わせ（4320円）⑤洋菓子（3240円）

価格は2214円から5400円。東京は5000円が3点でした。「安くてもいいものを」というのは関西の商人気質の影響なのでしょうか？　どこもスイーツが中心ですが、各店に一つずつ食品（茶碗蒸し、塩昆布、カレー）が入っていました。各店とも、地元の和菓子と洋菓子が強いようです。

お中元は、古代中国の道教の「三元《さんげん》」の日に天神を祭るという信仰が起源と言われています。三元（上元は1月15日、中元は7月15日、下元は10月15日）のうち、中元は、同じく7月15日の仏教行事お盆の行事と結びついたことから、お中元が始まりました。これが日本に伝わり、仏様に供《そな》える供物《くもつ》を親戚や知人に贈る習慣が出来たようです。元々、日本では、親や仲人など世話になった方々に対して米やうどんなどを贈る盆礼という風習があったことも定着した理由の一つでしょう。

お中元を贈る時期は、関東のお盆が7月なのでそれに合わせていて、関西は少し遅めと言われてきましたが、最近は「早期受付割引」などを百貨店が打ち出していることもあり、年々関西も早めになってきているようです。

大阪における犯罪は減っている？

大阪と言えば、「全国でもひったくり犯罪が多いまち」という不名誉な記録と記憶を残していますが、現在はどうなっているのでしょうか？

２０１６年の１年間の大阪府内の刑法犯の把握件数（確定値）は、12万２１３６件（前年比７・８％減）。今の統計方式となった１９８９年以降で最も少なくなりました。ただ、警察庁の統計によると、ひったくり（８０６件）や強制わいせつ（９３６件）の件数は大阪が全国最悪。やはり他の都道府県に比べて突出して多く、現状は厳しいです。

それでも大阪府警犯罪抑止戦略本部などによると、府内の刑法犯の把握件数は、２００１年の32万７２６２件をピークに15年連続で減少。ひったくりもピークだった００年

（1万9773件）より92・7％減ったということです。

ただし、把握件数は東京に次いで全国2番目に多く、罪種別では、放火（184件）、路上強盗（140件）、強制わいせつ（936件）は全国最多。強姦《ごうかん》（100件）、公然わいせつ（294件）、自動車盗（1577件）は2番目に多かったのです。一方、検挙率は全国平均（33・8％）より10ポイント以上低い19・5％と全国ワーストで、東京（29・8％）や兵庫（31・0％）を大きく下回りました。

京阪神とサッカーの密接なつながり

関西、京阪神でサッカーと言えば、ガンバ大阪でしょう。1993年のJリーグ発足時より加盟しています。

2005年に初タイトルとなるJ1のリーグ優勝を果たし、2008年にはAFCチャンピオンズリーグ制覇、2012年シーズンは17位で初のJ2降格となりましたが、2014年にはJ1復帰1シーズンでの国内3冠（J1リーグ・天皇杯・Jリーグカップ）を達成するなど、Ｊリーグを代表する強豪クラブです。
獲得タイトル数はＪリーグ全加盟クラブ中2位、近畿地方以西のクラブでは最多です。ユニフォームスポンサーは、胸はパナソニック、背中はロート製薬。２０１６年の入場者数は４３５万人でした。

ダービーマッチはセレッソ大阪との大阪ダービー、阪神ダービーはヴィッセル神戸と、京阪ダービーは京都サンガと戦います。

セレッソのユニフォームスポンサーは、胸はヤンマー、背中は日本ハム。プロ野球の日本ハムは北海道を本拠地にしていますが、サッカーでは日本ハムの本社がある大阪のチームのスポンサーをしているというわけです。

参考までに２０１７年のメンバーの出身地を見てみました。

ガンバは地元大阪の出身者が最も多く14人、次いで千葉と愛知が３人。

セレッソも大阪が最も多く8人、次いで長崎が４人、東京と神奈川が３人。ヴィッセルは兵庫県が７人、次いで北海道と奈良が３人です。

とりあえず地元の選手が最も多かったのですが、京都サンガで最も多かったのは滋賀

4人、次に大阪の3人、次いで京都と東京が2人で、実質、滋賀のチームになっています。地元率はガンバが1位で、セレッソもヴィッセルも地元が一番多くほぼ同じです。問題はサンガです。「京滋《けいじ》」という言葉はありますが、京都サンガはいつかは名実ともに地元のチームになってほしいところです。

第4章　京阪神を丸裸にする!

京阪神を偏差値からチェック

京阪神で生まれ育った人にとって「理想的」な人生とはどんなものでしょうか。まずは京阪神の学問への意識から見ていきましょう。

京都の有名な幼稚園は、同志社幼稚園やマリアンキッズインターナショナル、大阪はパドマ幼稚園や天王寺幼稚園、神戸はあづま幼稚園や山手《やまて》幼稚園があります。どの幼稚園もそれぞれ熱心に「そこに通わせたい」という保護者が多く、京阪神人にも幼稚園ブランド信仰はあるようです。

文部科学省によると小学生の全国体力・運動能力調査（平成27年度）都道府県順位〜小学生男子女子合計〜では、京都38位、兵庫42位、大阪45位という結果に。東京は23位で1位は福井。京阪神人は子どもの運動には関心が薄そうです。

中学生全国体力・運動能力調査（平成27年度）都道府県順位〜中学生男子女子合計〜では京都31位、兵庫43位、大阪44位とそれほど変化がありません。

京都府の中学校の偏差値ランキングの1位は洛南《らくなん》高等学校附属中学校で73、次いで洛《らく》星《せい》中学校で72、３位は京都府立洛北《らくほく》高等学校附属中学校で67。

大阪府の中学校の偏差値ランキングの１位は大阪星光《せいこう》学院中学校で72、２位は四天王寺中学校で69、３位大阪教育大学附属天王寺中学校で68。

兵庫県の１位は灘《なだ》中学校で77、２位は須磨学園中学校で70、３位は神戸大学附属中等教育学校で69と、それぞれなっています。

京都は上位３校の偏差値の合計は２１２、大阪は２０９、神戸は２１６で京阪神では中学校で１位。ちなみに、東京の１位は筑波大学附属駒場中学校と開成《かいせい》中学校で78となっています。

大阪の高校受験界で人気があるのは公立高校です。学校の進路指導でも塾でも「公立高校を第一志望とし、私立高校を滑り止めとする」ように薦められます。基本的に、学力の高い生徒ほど公立高校を第一志望とします。

関西では「東大≧京大」か、人によっては東大＜京大です。模試で東大・京大両方Ａ判定を取っていても京大を受ける生徒が少なくありません。

京都大学の合格者数が多いのは、２０１７年のデータでは１位が地元の洛南高等学校

（京都）で68名、２位は大阪府立北野高等学校（大阪）で64名、３位は甲陽学院高等学校（西宮）で51名、４位は堀川高等学校（京都）で44名、５位は西大和学園高等学校（奈良）で40名、６位は灘高等学校（神戸）39名となっています。京都の高校がズラッと並ぶと思っていましたが、大阪も兵庫も多いのです。

京阪神人の婚期

京都男性の平均初婚年齢は31・３歳と遅く、全国43位（平成27年度）。披露宴の平均費用は１９８万円で同42位と意外に地味。

大阪の男性の初婚年齢は31・１歳で全国39位。披露宴の平均費用は２１２万円で40位とこちらも控えめです。

兵庫の男性は30・８歳で33位。京都や大阪に比べて早く結婚する傾向があるのは、それだけ神戸女性が魅力的だからなのでしょうか？

京都女性の平均初婚年齢は29・７歳と、全国ワースト３位。大阪の女性の初婚年齢は

29・6歳で同5位。兵庫の女性は初婚年齢は29・3歳で、全国37位となっています。

続いて結婚後の生活の傾向について見ていきましょう。

晩婚の傾向がある京都の男性は結婚すると、ソツなくマイホーム夫になりますが、自分の時間も大切にします。睡眠時間は短め。

大阪の男性は結婚すると亭主関白になりがちですが、これは妻のコントロール次第でしょう。大阪の女性はしっかりしていますから、うまくコントロールできればいい夫になります。ただし、**結婚しても「おかんはこうしてたで」と言い出す隠れマザコンも少なくありません**。妻のことを嫁と言うのも大阪男性に多いです。

神戸の男性は結婚すると仕事と家庭を両立しようとしますが、結局仕事を選ぶことに。と言っても、妻や子どもの誕生日は忘れず素敵なプレゼントを買ったりする夫になります。兵庫の世帯当たり預貯金残高は663万円で25位。まあまあ堅実と言えます。

京都の女性は晩婚ですが、結婚すると、夫を支える付き合い上手な専業主婦になります。もちろん、生活は堅実でヤリクリも上手と言われてきましたが、世帯当たり預貯金は642万円で30位とやや低めです。睡眠時間も短い傾向があります。

京阪神人の浮気・離婚・再婚

大阪の女性は結婚すると仕事を辞めて、専業主婦になる人が多い傾向があります。夫の浮気がたび重なると突然怒り爆発に至ることもあります。衝動買いもしますが、買い物上手でもあります。

共働き世帯は兵庫が22・7％で40位、京都は22・5％で41位、大阪は19・1％で46位。やはり大都市なのでそれほど多くはないようです。

社長輩出率（1000人当たり）を見てみると総じて低く、京都が0・73で34位、大阪と兵庫は0・60で41位、東京は0・67で39位です。

商人のまち大阪としては、これはちょっとなんとかしたいところです。

エリート官僚輩出率（10万人当たり／平成28年）は、東京が5・7で全国1位、京都は3・5で6位、兵庫は2・9で12位、大阪は2・0で30位。このあたりも判官びいきの大阪人らしさがにじみ出ているように見えます。

さて、浮気・離婚・再婚率の可能性ですが、京都人は浮気の可能性ややあり。世間体を気にすることもあって、離婚率は29位です。

我慢が足らない大阪の男性の離婚率は3位と、高い数字になっています。また、離婚すると再婚する可能性も高いのが特徴です。

兵庫の男性の離婚率は17位。神戸市は離婚すると再婚する可能性がややありますが、神戸は大都市のわりに低くなっています。

京都の女性は浮気の可能性が低い傾向が強いようです。逆に言えば、お互いにしっかりした相手を見つけるということでしょうか。世間体を気にすることもあって、離婚率は29位。離婚すると再婚する可能性は低いです。

兵庫東部の女性は浮気の可能性がやや高め。神戸市は離婚すると再婚する可能性ややあり、と言ったところでしょうか。

気になる食事とギャンブルの傾向は?

さて、食生活はどうでしょうか。京都人は薄味（見た目は薄いが塩分は多い）、白味噌を好みます。うどんとそばも好き（全国52市中4位）、パンも好きで（1位）、外食は6位。カップ麺と果物は39位と少なめです。

大阪人は、パンが5位で、うどんとそばは7位ですが、野菜31位と少なく、果物に至っては49位（東京は野菜6位、果物18位）。外食も10位と多く、カップ麺も13位と高いのが心配です。

神戸人はパン好き（3位）、そしてカップ麺は好みません（48位）。しかし、果物42位、野菜32位と不足気味です。

最後にギャンブルも見ておきましょう。総務省調べによると、宝くじが好きなのは大阪人と京都人。ちなみに京都人は宝くじには関心はありますが（一人当たり購入額13位）、パチンコは好きではありません（一人当たり台数42位）。

大阪人も宝くじには関心は高いのですが（一人当たり購入額3位）、パチンコはそれほどでもありません（一人当たり台数18位）。神戸人は宝くじには関心は薄く（一人当たり購入額33位）、パチンコも好きではありません（一人当たり台数41位）。

京阪神のお役所の中身

市役所の職員数を見ると、京都市は1万3727人（行政白書平成28年度）、大阪市は3万1747人（同平成27年度）、神戸市は1万9550人（同平成27年度）になっています。これでは多いのか少ないのかが分からないので1万人当たりにすると、最も少なかったのは京都市の97人で、次いで大阪市の124人、神戸市は130人となります。

2008年（平成20年）の時点では、政令市における人口1万人当たりの職員数は、大阪が断トツに多く非効率性が目につきます。人口数から言っても、横浜市クラスの効率性を目指すことも無理ではないはずなのにです。

《政令市：職員数：職員数／人口1万人あたり》
・大阪市：3・9万人：147人　※参考：市人口267万人
・横浜市：2・8万人：77人　※参考：市人口370万人
・名古屋市：2・7万人：120人　※参考：市人口226万人

・神戸市：1・7万人：112人　※参考：市人口154万人
・京都市：1・6万人：108人　※参考：市人口147万人
（出典　読売新聞2010年8月23日）

このように、大阪市の職員数は多く、大した距離がないのにバスレーンの監視を大勢でやっているなど、**大阪は〝公務員天国〟と揶揄《やゆ》されたこともありましたが、近年では大きく改善されています。**

ちなみに、大阪市庁舎には地下2階に食堂があります。市の職員だけでなく、一般の方も利用可能になるなどオープンになっています。サバの塩焼き、煮込みハンバーグやとんかつ、ハンバーグ弁当などがあります。どれも庶民的なお値段で、気軽に利用出来ます。


なお、市議会議員数は大阪が少なくなっています。

《市会　定数　人口10万人あたり》
・京都市　定数67人　138万人　4・9人

・大阪市　定数83人　256万人　3・2人
・神戸市　定数49人　150万人　4・6人
ここでも、大阪の変化が見て取れますね。

京阪神人の懐事情

ここでは一気にさまざまな数字を並べて、みなさんにご覧頂きましょう。

◎名目GDP都道府県ランキング

・1位　東京都　94兆9020億円
・2位　大阪府　37兆9340億円
・3位　愛知県　35兆9900億円
・7位　兵庫県　19兆7880億円
・13位　京都府　10兆540億円
（日本のGDP 内閣府経済社会総合研究所 平成26年度県民経済計算）

◎**実収入ランキング**（一世帯あたり一ヵ月、勤労世帯）
・10位　東京都　56万600円
・35位　京都府　49万5300円
・39位　大阪府　49万700円
・46位　兵庫県　41万5500円
（総務省統計局／統計でみる都道府県のすがた2017）

◎**貯蓄現在高ランキング**（同、全世帯）
・1位　東京都　1966万9000円
・13位　兵庫県　1677万8000円
・24位　大阪府　1501万7000円
・28位　京都府　1419万円

◎**負債残高ランキング**（同、全世帯）

・1位　東京都　788万9000円
・8位　大阪府　553万3000円
・11位　京都府　503万円
・14位　兵庫県　493万1000円

名目GDP都道府県ランキングで1位の東京都の約94兆円は別格でしょう。それ以外で比較すると、2位争いは大阪府と愛知県。兵庫県が意外に健闘して7位、逆に京都府の13位はやや低めな印象でした。

実収入の東京都10位は意外ですが、京阪神も30位以下。兵庫の46位も衝撃的です。実収入は世帯全員の現金収入の合計ですから、共働き世帯が少ないことなども数字に反映しているのかもしれません。

貯蓄の東京都1位は予想通りですが、兵庫県が健闘して大阪府と京都府に差をつけました。負債残高は住宅ローンが高い東京都が断トツですが、大阪府も京都府も兵庫県も高かったところは注目に値します。

東京よりも割安かつ利便性が高い住宅事情

ここ数年、大阪市内では、バブル期と同じような不動産バブルが続いていると言われています。上町《うえまち》台地に沿ったエリアにはタワーマンションが次々と建ち、どこも人気だとか。さらには再開発やインバウンド（訪日外国人旅行）によるホテル不足で、大阪市内の土地価格が上昇しています。比例して給与が上がってくれればいいのですが、実際はそうではありません。家賃の高いマンションが増えているのですが、なかなか地元の人には手が届かないのが現実だとか。

また、特に大阪市では、長屋のようになっている住宅も多いので、隣のお宅との間が狭かったり、大がかりな改築になったりすることもあるようです。

新築一戸建て平均で最も高かったのは大阪市の３２６５万円。区別の人気では、港区、都島《みやこじま》区、福島区の順。ついで神戸市の３０３８万円（東灘区、灘区、兵庫区）、京都市は２７９８万円（北区、上京区、左京区）でした。

中古マンション平均で最も高かったのは京都市の２９２９万円（区別の人気では上京

区、中京区、東山区）、次いで大阪市の2668万円（都島区、福島区、此花《このはな》区）、神戸市の1933万円（東灘区、灘区、兵庫区）という結果に。

賃貸の家賃は大阪市が最も高く平均7・4万円で、ついで神戸市の6・8万円、京都市は6万円でした。中でも高かったのは大阪市西区の8・5万円。3都市とも区によって大きな差がありました。

住宅事情という面では、やはり東京を中心とする関東、首都圏よりも京阪神のほうが物件価格や家賃も相場は割安。さらには都市そのものがコンパクトなので、利便性も高いと言えるかもしれません。

（不動産情報サイト『アットホーム』より／人気ランキングは『@nifty不動産』より）

実は快適な鉄道網

現在でも営業している私鉄が日本でいち早く発達したのが京阪神です。1897年には阪堺電気軌道（通称「阪堺電車」：現南海電気鉄道の100%子会社）が馬車鉄道として設立され、以降、阪神電鉄、阪急電鉄、近畿日本鉄道、京阪電鉄、能勢《のせ》電鉄、水間《みずま》鉄道など、明治末期から大正期にかけて路線が形成されていきます。

そのほとんどが都心部への乗り入れと、そこに至る都市間の連絡をメインにしたもの。そのため京阪神の鉄道網は異なる路線を縦につなぐものが少なく、2000年代に入ってようやくJRおおさか東線などが誕生したぐらいです。

それに対し首都圏は交通網も乗り入れが多く、電車に乗ったら、どこまで行くのか分からないほどですが、**関西は、大阪、京都、神戸の仲が悪く、交通網も関東に比べると乗り入れが少ないのです**。これは、大阪市が「市営モンロー主義」（※）により、私鉄やJR線の乗り入れを拒んだためと言われています。

関東の鉄道網がJRや私鉄、地下鉄を含め複雑に入り組んでいるのは、ひとえに広い関東平野に多くの人が住んでいるからこそ。それに対し京阪神は職住近接のまちで、首都圏に比べて、長距離通勤などでの鉄道利用が少なめです。平野部は平坦で坂も少ないし、鉄道を使わずとも自転車でも動き回ることが出来るからなのかもしれません。

関東、首都圏では路線をいくつか乗り換えて1時間30分程度の通勤や通学は、ものすごく遠距離という感じはありませんが、京阪神で1時間30分の距離は相当遠いと感じてしまうとか。ちなみにお互いに利用者の多い路線で比較してみると、東海道線なら東京－小田原間が約1時間30分。首都圏の人は、ごく普通の通勤に感じる人が多いでしょう。京阪神を結ぶ新快速なら1時間30分で大阪から兵庫県の姫路の先にある相生《あいおい》まで。こちらは「えらい遠いなぁ」と関西の人は思うのです。

東京に比べて関西の私鉄ターミナルはどこも立派だし、自動改札機は阪急が普及させたと言われています。どうも鉄道網では京阪神のほうがひとつ上のようです。

※モンロー主義とは第5代アメリカ合衆国大統領ジェームズ・モンローがヨーロッパに対して「アメリカは他国に介入しないが、他国のアメリカへの介入も許さない」と宣言したアメリカの孤立主義のひとつ。

それになぞらえて戦前から大阪市がとった「市内交通を営利企業に任せず、市民の利益が最大となるよう市営にて行う」とした都市計画に関する基本方針のことを「市営モンロー主義」と呼ぶ。

京都の人気ランキングが大失墜

アメリカの大手旅行雑誌『トラベル・アンド・レジャー』が毎年発表する世界の魅力的な都市ランキングがあります。

同誌は北米の富裕層を中心に毎月約100万部を売り上げ、世界の観光動向にも影響があると言われています。1995年からランキングを始め、読者投票を基に「風景」や「文化」、「食」など6項目で採点しています。

この世界のランキングで2014年、15年と2年連続、京都が世界1位だったのですが、**2016年のランキングではなんと一気に6位にまで転落してしまいました。**

・1位　チャールストン（アメリカ）
・2位　チェンマイ（タイ）
・3位　サン・ミゲル・デ・アジェンデ（メキシコ）
・4位　フィレンツェ（イタリア）
・5位　ルアンパバン（ラオス）

・6位　京都（日本）

順位下落の理由となったのはインバウンドでの外国人観光客の大幅な増加による「混雑」とも言われていますが、実際はどうなのでしょうか。

もう少し詳しく見ていきましょう。16年の1位は米国のチャールストンで、総得点は91・66点。京都市は15年より1・47点低い計89・75点でした。京都の観光MICE推進室は「一定の高い評価が続いていることは意味がある。順位下落は京都の人気が上がり、有名な観光地が混雑していることが影響したと思う。対策を実施していきたい」と言っていますが、ちょっと認識が甘いのではと心配になります。

そんな発想では、今後も順位を落としてベスト10にも入っていけないかもしれません。「混雑」とは観光客が増えたことによる、バスやタクシーなどの混雑だけの問題ではありません。それに加えて、宿泊費の高騰やホテルの需給がひっ迫していること、サービス業の人員が足りないことによるサービスの質の低下、交通インフラの整備の遅れなども影響しているはずです。

今回1位になったチャールストンは、アメリカの貿易港のボストン、ニューヨーク、フィラデルフィアに次ぐ4番目の大きな港で、昔の家や教会建築を楽しめるところです。食事はシーフードが人気ですが、「全米で最もマナーの良い都市」とも言われています。京都と同様にシニアのお客さんが観光の中心。お客さんの数は京都ほどではないこともありますが、料理は極上、ホテルも別格です。

ディナーには、『チャールストン・プレイス・ホテル』のシェフ、ミッシェル・ウィーバーが腕をふるうチャールストン・グリルがあります。このレストランは世界的なジャス演奏家のライブ・スポットでもあります。毎晩、食事とともに素敵な演奏を楽しめるのです。キッチンでは4種類のメニューで極上の料理を提供しています。

宿泊には、トラベル・アンド・レジャー誌の読者投票で上位にランクインしているホテル『マーケット・パビリオン・ホテル』がお勧め。シックなロビーや高級レストランから、パノラマビューを楽しめるパビリオン・バー、階段状のプール、極上の料理とカクテルに至るまで、すべてが別格のホテルです。

こうして見てみると、これまでの京都は寺社仏閣、古都のまち並みといった昔からの観光資産で人を呼ぶことが出来てきたわけですが、これからはそこにプラスして新たな京都ならではのソフト面の〝もてなし〟が重要になってくるのかもしれません。

外国人に素通りされる京都

京都市の訪日外国人は平成15年（2003年）は521万人でしたが、平成25年には1036万人と増加しています（日本政府観光局発表）。観光客は平成12年（2000年）で4051万人でしたが、平成25年には5162万人になっています。

最も多かったのは日帰り客で19・8%、次いで3泊する人が18・1%、さらに4泊の15・9%、2泊の15・7%、5～9泊の15・2%となっています。

京都のホテル料金が高かったり予約が取れないため、大阪で泊まっているからなのです。来訪の目的は寺院、神社、名所巡りで最も人気があるのは清水寺、次いで金閣寺、次いで二条城となっています（平成27年度京都観光総合調査）。

2016年のインバウンド宿泊客数1位は東京の1806万人、2位は大阪の692万人、3位は京都で482万人、兵庫は108万人で13位でした。

ちなみに、宿泊数の増加率1位は香川県で69・5%、2位は岡山で63・2%、3位は福島の41・3%と地方が増加しています（2016都道府県別外国人のべ宿泊者数）。

京都市の訪問回数は5回以上の人が8割を超えています。月別に多いのは8月、5月、11月で少ないのは1月です。

2020年には、外国人宿泊数は年間630万人と試算しています。観光消費額は年間1兆円（現在7002億円）を目標にしています。

インバウンド・バブルに沸く大阪、人気の秘密は？

大阪のまちを歩いていると、どこへ行っても外国人観光客の姿が目立ちます。

実際、アジア系の旅行者は派手な蛍光色の服を着ていて目立つというのもあるのですが、それにしても、昔に比べるとこれほど大阪が世界的に有名になったのかと思わずにいられません。

実際、アベノミクス始動以降は日本全体への訪日外国人旅行客数が増えていますが、

２０１２年８３６万人が２０１３年には１０３６万人（＋24％増）となり、２０１４年１３４１万人（＋29％増）→２０１５年１９７４万人（＋47％増）→２０１６年２４０４万人（＋22％増）と推移。来阪外客数が大幅に伸びていることは一目瞭然です（出所：日本政府観光局、観光庁）。

訪日外国人観光客のうち大阪に立ち寄った「来阪外客」は、

・２０１１年１５８万人
・２０１２年２０３万人（＋28％増）
・２０１３年２６３万人（＋30％増）
・２０１４年３７６万人（＋43％増）
・２０１５年７１６万人（＋90％増）
・２０１６年９４１万人（＋31％増）

と推移しています（出所：大阪観光局）。

特に、２０１５年以降の伸び率が急拡大していることが分かります。実際、大阪の宿泊施設は需給がひっ迫しており、ホテル代は軒並み高騰しているのです。

一方、日本の二大都市であり首都である東京への「来都外客」数はやや頭打ち傾向に。東京に立ち寄った「来都外客」は、2012年556万人↓2013年681万人（+22%増）↓2014年887万人（+30%増）↓2015年1189万人（+34%増）↓2016年1385万人（+16%増）であり、大阪に比べると、数字が緩やかです（出所：東京都産業労働局、2016年は筆者推定）。

もちろん、訪日外国人観光客の中には、東京と大阪の両方に行く人も少なくないと見られますが、**大阪の人気が高まっていることは間違いないでしょう。**外国人観光客にとって、大阪の魅力はなんでしょうか？

大阪の人気スポットですぐに思いつくのは、道頓堀、大阪城、USJ（ユニバーサル・スタジオ・ジャパン）です。

前出の大阪観光局が実施した「関西国際空港　外国人動向調査結果」によれば、「訪れた場所」の第1位が道頓堀（難波、心斎橋）の71%、第2位が大阪城で60%、第3位のUSJはやや差が開いて35%でした。

また、「訪れた結果おすすめしたいと思った」第1位がUSJの82%、第2位が大阪城の73%、第3位が道頓堀の72%という結果でした。

　道頓堀は訪れた場所1位の観光地ですが、おすすめしたい場所ではないようです。と言うことは、道頓堀はそれほど面白くなかったということで、今後はリピートされない可能性もあるので早急に手を打つべきでしょう。

　すぐやれることとしては、海外に向けて人気のお店の情報を大阪市が流すこと。今はガイドブックを頼りにお店を探しているお客さんばかりで、1時間待ちは当たり前です。ただ、チェーン店の場合は近くにも同じお店があるのに、ガイドブックに載ったお店だけが大混雑というのは、あまりにも申し訳ありません。

　さて、こうした人気スポットの傾向を如実に表しているのが南海電鉄の関空アクセス特急『ラピート』の利用者数で、2016年度には過去最高の344万9000人を記録しました。過去最低だった2003年（平成15年）度の165万人と比較すると、2倍以上に増加しています。

　これには関西国際空港の利用者数増加が大きく寄与しています。ビザの発給要件緩和や関西空港を発着するLCC便の就航が増えたことなどで、主にアジアからの訪日外国人が増加。特にアジア人観光客にとって大阪ミナミ、USJなどは鉄板の買い物・観光スポットですから、ミナミの中心地・難波に直接乗り入れている『ラピート』はとても便利なのです。

しかも、日本のアニメから抜け出たような「鉄仮面」と称される独特の青い車体デザインも外国人に人気なのだとか。

もうひとつ大阪人気を支えているのが、東京の山手《やまのて》線と大阪環状線の違いです。山手線は1周60分、大阪環状線は40分で、山手線のほうが1・5倍大きいのです。逆に言えば、大阪のほうがコンパクトだということ。観光ではありませんが東京の「銀座で一次会、二次会は新宿」というのは若い頃は問題ありませんが、年を取ると面倒になったりします。ですが、大阪なら「一次会はミナミ宗右衛門町で、二次会はキタ新地で！」という移動がそれほど苦ではありません。

アジア系外国人が非常に興味を示す「城」が東京にないことも挙げられるでしょう。大阪は「狭い」を武器にすればまだまだ飛躍の可能性がありそうです。

産業都市として世界に羽ばたく神戸

外国人観光客であふれる大阪の熱気に比べると、神戸は確かに観光客の姿こそ多いのですがどこかおとなしい印象です。ですが、逆に言えば**それだけ成熟した大人のまちということなのでしょう。**

観光地で有名な神戸ですが、実は産業都市としてのポテンシャルの高さもあります。神戸港、神戸空港、高速道路やハーバーハイウェイ、鉄道などの海、空、陸の交通インフラの結節点が都心部に近いという大きなメリットは京都、大阪にはありません。

ポートアイランド第2期を中心に展開されている国家的なプロジェクトである神戸医療産業都市、さらにはスーパーコンピュータ『京《けい》』の利活用などのポテンシャルを開花させる取り組みも進んでいます。

国家戦略特区として提案されている医療産業クラスター内での世界初のiPS細胞を使った再生医療の総合的な研究・治療センターの設置、理化学研究所やPMDAとの連携により、再生医療を神戸から世界に発信するというわけです。

また、神戸の玄関口であり、神戸全体への経済波及効果が高い三ノ宮駅周辺においては、駅ビルの再整備計画が進められています。新神戸駅からフラワーロードを経て、三宮駅周辺を含め、神戸港のウォーターフロント、旧居留地、元町商店街、さらにはハーバーランドをにらんだ「神戸未来都市創造プロジェクト」が実現すれば、国際港湾都市神戸はさらに発展すると思われます。

神戸の物流や産業の基盤である神戸港を、世界と対峙できる国際コンテナ戦略港湾として競争力を強化させるためには、神戸空港の早朝便・夜間便の充実に向けた運用時間の延長、一日30往復便に制限されている発着枠の拡大等も検討課題です。

さらに、産学官による新エネルギーの実用化や次世代エネルギーの研究など、エネルギー最先進都市としての取り組みや、ユネスコ・創造都市ネットワークにより認定されたデザイン都市としての事業展開など、その魅力、ポテンシャルを活かした世界レベルの取り組みが進められている神戸。観光だけでなく産業面でも世界から多くの人を呼び寄せる力を持っている魅力的な都市と言えます。

第5章　京阪神の逆襲！

大阪人のフライング病が完治？

先日、４か月ぶりに大阪に行きました。今回の仕事では、大阪の中堅企業の経営者を相手に、県民性の話をすることになっていました。交通手段は飛行機です。東京から大阪は、普通のビジネスパーソンなら新幹線を使うことが多いのですが、子どもの頃から飛行機好きな私は、よほどのことがない限り飛行機で往復しています。

時間に余裕があったので、伊丹空港からバスで梅田へ。会場のホテルは遠くはないのでブラブラと歩いていました。そこでぶつかったのがＪＲ大阪駅前の横断歩道です。ここはよくテレビで「大阪人の信号待ちフライング」の画《え》を撮るところです。時間は午後２時すぎでしたが、さすが大都市大阪です。こちら側も向こう側も人で一杯でした。

信号を見ながら、「そろそろフライングする人がいるかな？」と思っていたのですが、誰一人微動だにしませんでした。東京のように信号が青になってから、みなさん歩き出したのです。

「え、どうしたの？」

これは、たまたまなのでしょうか？　どう見ても、東京から来た人ばかりではなさそうですし、インバウンドの人たちでもない。大阪人はもう信号待ちでフライングしなくなってしまったのでしょうか。

では、いちばん忙しい通勤時間帯はというと……。

関西テレビの『TVちゃちゃ入れマンデー』の企画「大阪と東京のフライング比較」（2015年8月放送）によると、1時間のフライングの観察の結果は、東京が167人、大阪は601人でした。これを見る限り、確かに大阪人はフライングしています。

そこで、大阪人たちに直接聞いてみました。すると「朝の通勤ではまだ少し残っていますが、全般的には少なくなった」とのこと。ということは、この2年ぐらいでフライングがなくなりつつあるのです。

翌日は京都～大阪、その翌日は大阪～神戸を移動しました。京都～大阪の翌日、歩数計を見てみるとはなんと3万1000歩でした。地下鉄などを利用したのに、この歩数なのです。なるべく電車や車より歩くことを重視したのは、自分の目で見ておきたかったのと、頭の中を整理するためですが、京阪神はそれぞれ離れているので仕方がないところです。

首都圏の都市と違って、京阪神はどの都市もそれなりに歴史を重ねてきているのが建物などを見てもよく分かります。その一方で大阪駅前のグランフロントやうめきたガーデンなど、広大なエリアがまったく新しく様変わりしていたりして、進化のエネルギーを実感します。京阪神を歩いてみることで、まさに現在進行形の姿を見て感じることができるのです。

整列乗車も進化してまっせ!

「関西、京阪神の乗車マナーはあってないようなもの」

昔はそれが定説でしたが今はどうなっているのか。地下鉄御堂筋線がちょうどラッシュの時間でしたので、淀屋橋駅から混雑ぶりを見に行きました。ホームに入ったら東京の山手線の駅がトラブルで人が溢れているようなレベルで、これにはビックリしました。「これ以上、人が入ってきたら、ホームから落ちてしまうのでは?」と感じたほどで、改札口に戻るのも大変でしたが、マナーを乱すような行為はありませんでした。

その後京阪電車で京都へ。京阪電車も、一昔前は整列しているように見えても、電車が来たら列が崩れることが多かったですが、みなさんキチンと並んでいて、ほぼ整列乗車風になっていました。

ただ、関西の古い中間駅の場合はホームが狭いので、整列乗車のために並ぶとホームを塞いでしまうため、整列乗車を呼びかけないところもあるようです。全体としてホームの整列乗車も、以前とは比べものにならないぐらいきれいだと思いました。

一時、全国的にも有名になった自転車の放置駐輪についても、難波は30分無料・3時間100円・24時間150円の駐輪設備などが整備されイメージが変わりました。大阪の自転車置き場は、かなり整備されてきれいになってきているのです。ということになると、大阪のイメージも変えなければなりません。

「やれば出来る！」

こう言われると大阪人は嫌がるかもしれませんが、フライングがなくなり、自転車置き場がキチンとしていると、**「大阪とは違うから」**とか**「大阪と一緒にしないで」**とい

う声も小さくなると思います。

外国人観光客が日本に来て感動する場所の一つが、渋谷のスクランブル交差点。青になると大勢の人が一斉に歩き出します。しかも、押し合いなどせず粛々と。「こんな秩序を守る人たちを見たことがない！」と言って驚くのだそうです。フライングが当たり前だった大阪梅田の横断歩道が渋谷並みになる日も近いのかもしれません。

大阪に恋する時代到来？

大阪の地下鉄には整列乗車ご協力のお願いがありました。ドアの両側に2列ずつ整列をお願いしています。

《降車が終わるまで乗車はお待ちください。マナーを守って気持ち良くご利用頂けるよう、皆様のご協力をお願いいたします》

これについては、「そこまでやらなくても」という声もあるようですが、みなさんマナーについて言われなくても守っているという印象でした。

また、電車の窓のところには《すてきなマナー　小さな気配り　皆で築こう「イメージアップ大阪」》とあって、《「お手伝いしましょうか?」あなたの声掛け、見守りが目の不自由な方の支えになります》とアピールしています。

地下鉄利用者の乗車マナーについては、大阪市のサイトに市民の声と市の考え方が載っています。

(市民の声)

《地下鉄の座席マナーが悪い。足を広げたり、横に荷物を置いていたりと座れるスペースがあるのに座れないことが多い。座席に、市バスの優先座席にある可動式の仕切り肘置きなどがあれば、気持ちよく皆が座れるのではないだろうか。それに、他電鉄のように車掌さんが巡回するなども効果的ではないだろうか。

また、乗車マナーも悪く(特に谷町線で感じる)、他電鉄などのホームにある、並ぶ時の立ち位置線などを取り入れると、並んでいない人が横入りしないのではないか。

少しでも気持ち良く乗車したいので、何か対策をして頂きたい》

これに対して、市の考え方はこうなっています。

（市の考え方）
《交通局では、従来から地下鉄での乗車マナーの向上を図るため、恒常的に「迷惑行為の防止」、「優先座席のご案内」、「携帯電話の利用」などに関する啓発放送を実施いたしますとともに、社会環境の変化や時代背景に応じて、個別具体的なマナー違反事象を順次内容を入れ替えながら取り上げ、啓発に努めているところでございます》
《なお、車掌による車内巡回につきましては、地下鉄の駅間は短く、駅間走行中、持ち場を離れることは難しいため、実施は困難であると考えておりますので、ご理解賜りますようお願い申し上げます》

一昔前の大阪の地下鉄には、昔のニューヨークほどではないにしても、出張してきたビジネスマンが降りるのを邪魔する学生や、酔っぱらって大きな声でしゃべっている人たちがいました。それを考えると、大阪人のマナーはかなり変わってきたと言ってよいのではと思います。

座席で足を広げたり、横に荷物を置いていたりする人がいて、座れるスペースがあるのに座れないようなことはどこでも、まだまだ残っています。

むしろ大阪は心理学で言う「ゲインロス効果」で、以前のイメージが良くなかっただけに、実際に行ってみるとそのイメージが払しょくされて、**かえって好感度を上げられるという可能性を持っているのです。**

「格好いいけれど悪い人だと思っていたのに、実際に付き合ってみたらすごくいい人で恋に落ちた」

そんなふうに大阪に恋する人が増えてもおかしくない時代なのです。

訪日外国人は成田から関空へ

2016年の訪日外国人は成田空港が682万人、関空が608万人と、その差を縮めています。ひょっとしたら2017年は、成田を逆転しているかもしれません。

アジア各都市から日本に来る場合、関空のほうが20分から50分ほど近くなるのです。時間が短縮できれば、旅行の料金が下がったり、その分滞在時間も長くなるのですから、関空着はさらに増えることになりそうです。また、関空では使用料が安い専用ターミナルがあるため有利です。

世界でのＬＣＣ（※）のシェアをみると欧州が41％、北米で32％、北アジアはアフリカの13％を下回って11％しかありません。逆に言えば、まだまだ成長の余地があるということになります。

※値段の安い航空会社のこと。「Ｌｏｗ－Ｃｏｓｔ Ｃａｒｒｉｅｒ」の略。「格安航空会社」とも。大手航空会社の格安航空券とは別に、当初から格安に設定された航空券を用意する航空会社。国内線だけでなく国際線を就航している会社もあります。

日本の空の玄関はこれまで東京に一極集中していましたが、関空のＬＣＣ増加で東京と大阪の二極になってきたのです。

特に関西国際空港は日本でＬＣＣの就航都市数がＮｏ・１。海外へはソウル、台北、香港、マニラ、シンガポール、上海、天津といったアジア各方面はもちろん、ケアンズなどにも就航。国内線も札幌、仙台、成田、福岡、長崎、奄美大島、那覇など主要地域に多数飛んでいてとても便利です。

２０２０年には訪日外国人の数が４０００万人と予想されていますが、来阪するのは９４０万人から１３００万人になると見込まれています。また、大阪府内への外国企業の進出件数も２０１５年度は46件に増加しています。

１９９０年代頃から欧米での利用者が増えていましたが、近年は日本を含め、多くのアジアの航空会社も参入しています。

長距離移動は大手航空会社を、中～近距離または乗継便はＬＣＣをと使い分けをする利用者が増えていますが、ＬＣＣを利用したインバウンドによって関西、それも京阪神が息を吹き返すことにつながっているのです。

いつの間にやら納豆嫌いを克服!?

今回、京阪神の調査を行う中で、あらためて驚かされたのが「従来の京阪神のイメージとは大きく異なる」ことが多々あったことでした。

前述したフライング問題や放置自転車問題の改善もそうですが、それ以外にもこんなデータも出てきました。

それは納豆の好き嫌いです。大阪人に限らず関西では関東に比べて「納豆嫌いが多い」というイメージが強かったのですが、実はそうでもなくなってきているようです。

ネット上で地域情報を届ける『Jタウンネット』が、２０１４年7月24日から8月25日までの約1カ月間、「納豆、嫌いですか?」というテーマで全国アンケートを実施しました。

全国的に一番多かったのは「好き。たまに食う」の41・2%。2番目が「大好き! ほぼ毎日食べる」で23・3%。3番目が「大嫌い。あれは食べ物じゃない」で19・6%。次いで「普通。出されれば食べる」で10・0%。そして最後は「あんまり好きじゃない」で5・9%でした。

地域別で京都では「好き」が45・5%、次いで「普通」と「大嫌い」ですから、納豆好きといってよいでしょう。

大阪は、「好き」と「大嫌い」が32・0%ですが、次は「普通」で15・5%ですから、やや好きな感じですね。

兵庫は一番多かったのは「大嫌い」で39・3%。次いで「好き」が33・9%、「大好き」が17・9%。3県を合わせると「好き」は51・8%ですから、こちらも納豆好きと見てよいでしょう。**つまり関西人は納豆嫌いではないのです。**

また「大阪人は砂糖は買ったことがない」という話があります。東京のお歳暮やお中元は、海苔、食用油が多いですが、大阪は砂糖が多く、そのため砂糖は買ったことがない家庭も多いと言われてきました。このあたりの事情は名古屋と似ています。

ところが、私が京阪神の人たちにアンケート調査してみたところ、全員が「砂糖は買っています」とのこと。砂糖を送ったり、もらったりしたことはないというのです。最近の贈答事情では確かに、昔のように砂糖を送ったりもらったりはなくなっているのでしょう。それなのに大阪は未だに過去のイメージを引き摺《ず》っている部分があるのです。

大阪の運転マナーも昔よりは良くなっています。昔は大阪で高速道路に乗っていると、車線変更でもめてクルマが止まっていることが多かったです。

そのため、未だに「クラクションは極力鳴らさないこと」というのが不文律。相手がどんな人か分からないのですから最悪の場合、窓を叩かれケンカを売られると聞いたことがありました。

大阪と言えば、衝撃的な話があります。

「ちょっとトイレに行ってくる」と上司が言うと、部下は「大ですか？　小ですか？」とたずねるというのです。

もしくは最初から上司が「ちょっと大してくる」と部下に告げるのです。東京から来たばかりの女性はそれを聞いてショックを受けたという話です。

別に大阪人の生理的嗜好がおかしいわけではありません。大小をはっきりさせるのは、もし、その上司宛に電話がかかってきたら、大なら折り返し、小なら少しお持ちくださいと対応できるからなのです。

この話はいかにも大阪らしいのですが、この話をこの間、大阪の経営者たちに聞いたところ、そんな話は初めて聞いたとのこと。いかにもありそうで実はない話なのかもしれませんが、確かにこんな話を聞くと「大阪と一緒にしないで」という声が聞こえてきそうです。

京都はフリーパスをタダで配布せよ!

２０１６年の世界魅力的な都市ランキングで、京都は１位から一気に６位に大転落したと書きました。京都市観光ＭＩＣＥ推進室は「対策を実施していきたい」と言っていますが、こういうランキングは一度落ちてしまうと復活するのは結構大変です。

混雑問題はなかなか一朝一夕に解決出来ませんが、まずはハイシーズンになると平気で３倍～４倍の宿泊料にしている旅館やホテルについては、なんらかのルールをつくるべきでしょう。

その上で次のような対策も検討してみてはどうでしょうか。

・京都観光の一日乗車カード。市バス・京都バスの一日乗車券カード（５００円）
・京都観光一日乗車券（大人１２００円、小児６００円）／二日乗車券（大人２０００円、小児１０００円）
・京都フリーパス（これは京都市内のほぼすべて乗り放題で２０００円、小児１０００円）

来年4月からは、市バス、京都バスの一日乗車カード500円は600円に、京都一日乗車券の大人料金は1200円から900円、小児は600円から450円、二日乗車券は大人2000円が1700円になります。価格を変更するのは、観光客を地下鉄に誘導する狙いがあるようです。

これらを思い切ってすべてフリーにするのです。たぶん、世界中どこでもフリーにしているところはないと思います。

実際、これらのカードの作成や発券の手間などを考えたら検討する価値はありそうです。フリーがとても無理なら、旅館やホテルに対してもいくらかの観光客に対する費用負担を考える時代なのかもしれません。

実際、京都市では観光客らに課す新税について検討する京都市の有識者委員会において、宿泊税の導入を提案する答申を門川大作京都市長に提出したというニュースが話題になりました。

これは民泊や簡易宿所を含む全ての宿泊施設で宿泊者に一定の宿泊税の負担を求めるというもの。早ければ2018年度の導入を目指すとしていますから、差し迫った課題だと捉えられているわけです。

おそらく宿泊料金に応じて一人当たり100～300円程度を課税する、東京や大阪に近いものになるでしょう。日本経済新聞によると、課税で得られる財源は20億円程度と見込まれますが、これらを市内の観光振興や混雑緩和などに充てるという考えです。

その次にぜひ検討してほしいのが拝観料の問題です。京都は歩いて次のところに行けるというのが強みです。実際、案内看板には「金閣寺まで22分」だとか「妙心寺《みょうしんじ》まで13分」と書いてあるのです。

ただ一人での観光ならともかく、3～4人となると、拝観料がバカになりません。平均すると一カ所で500円ですから4人で4カ所回ると8000円に。これが3日、4日となるとホテル代を別にしても移動の交通費も合わせて3万円、4万円という金額になってしまうのです。

もちろん拝観料がいらないところもあります。例えば北野天満宮や京都御所、知恩院《ちおんいん》や伏見稲荷神社、渡月橋《とげつきょう》、竹林の小径、下鴨神社などがあります。一般的に、神社は拝観料が無料で寺院は拝観料が必要になります。京都観光をするならうまく無料のところも組み合わせるほうがいいと思います。

さらに問題は当然、観光地巡りをしていると間に食事をすることになるのですが、例えば「京風うどんすき一人前4000円」は、1人ならともかく3人、4人ではちょっと考えてしまうような価格でしょう。

混雑緩和を考えるなら、マイナーだけれども魅力的な観光スポットを巡れる専用のフリーパスをつくり、周辺の飲食店の割引クーポンを合わせてそちらに観光客を誘導するような試みもあってもいいのかもしれません。

神戸はもっと若くなれる？

神戸は、いかにも若い都市です。三宮から市役所まで歩いていると、**歴史があるにも関わらず未来感も感じられます**。

若者を対象にしたイベントが多いのも神戸の特徴。例えば全日本高校・大学ダンスフェスティバル（神戸）は、日本女子体育連盟、神戸市及び神戸市教育委員会が主催し、高等学校、大学及び短期大学に在籍する生徒、学生を対象とした全国規模の創作ダンス競技会です。

１９８８年を第1回として、以来毎年8月に兵庫県神戸市の神戸文化ホールで開催されていますが、これも、いかにも神戸らしい競技会です。若い有名人が多いというのも当然でしょう。

変わったところでは「クロスメディアイベント０７８（ゼロ・ナナ・ハチ）」というイベントも２０１７年から開催されています。「０７８」とは神戸の市外局番から取ったもの。「若者に選ばれ、誰もが活躍するまち」神戸を実現するため、都市生活の面白み、心地良さを追求する市民・クリエイター・エンジニアたちが集い、交わることで創り上げる参加型フェスティバルです。

最近注目されている神戸のベイスポット小野浜町にあるデザイン・クリエイティブセンター『神戸ＫＩＩＴＯ』やみなとのもり公園、東遊園地（神戸市中央区加納町）を舞台に、「音楽」「映画」「ファッション」に、未来をつくる「ＩＴ」、上質な神戸らしい「食」文化、次世代の「子ども」を掛け合わせ、ライブ、カンファレンス、展示会（トレードショー）形式による実験的・国際的なフェスティバルが行われています。

歴史と未来がどちらも感じられたり、都市機能と海や山の自然が近いなど、地元の人が言う「ちょうどいい距離感」の地こそが神戸なのです。

実は親切な京阪神のまち・人

自著『名古屋はヤバイ』で名古屋を歩いて回ったときも親切な人が多かったのですが、今回、京阪神をあらためて歩いて回っても親切な人にたくさん出会いました。

いちばん印象に残っているのは大阪の郵便局の方です。タバコを吸いに出て来たところを「〇〇はどこですか？」と聞くと、事務所まで走って戻って地図を持って来られて、「今、ここですから、まっすぐ行って3ブロック目を右に2ブロック行くとありますよ」と親切に教えてくれました。

大阪のホテルの女性スタッフも親切でした。朝早くチェックアウトしたのですが、あったはずの室内用の眼鏡がどうしても見つからず、フロントのスタッフに何度も探してもらったのですが結局出てこなかったのです。部屋の中にあるのは間違いないので、掃除のときに見つかったら着払いで送ってくださいとお願いしたのですが、「ちょっとでも時間があれば、一人お部屋に行かせます」ということで5分ぐらい待っていたら「ありましたよ」と見つけてもらいました。

どれもなんて言うことのない小さな出来事ではありますが、そんなちょっとしたことが旅先ではとてもうれしく感じるもの。

あるいは、そうしたささいな出来事の中にこそそのまちの人々の本当の「顔」が見えてくるのかもしれません。

おわりに

人間、年齢を重ねると頑固になり、他人の意見も聞かなくなってしまうと言われてきました。そんな固定概念をぶち壊したのが、なんと大阪人でした。それもここ2年ほどの間に起こったことです。

京阪神の人々はそれぞれプライドもあって、自分のところがいちばんと思っている。それならば徹底して頑固で他からの意見に聞く耳を持たないかと言うとそんなことはなく、むしろ「せやな、そういう考えもあるなぁ」と受け入れてくれます。

まさに、プライドがありながらプライドに縛られない「けったいな」京阪神。

人も変われるのなら地域だって変わります。大阪を筆頭に、今後は京都、神戸がもっと進化していくのではと感じています。県民性は簡単には変わりませんが、地域は市役所の努力、市民の力で変わっていけることを教えてもらいました。

以前なら信号待ちのフライングや整列乗車、地下鉄のマナーに駐輪場といった良くないイメージが一気に変化するなんて「ありえへん」かったと思います。逆に最近は、東京のマナーの悪さが目立つ気がします。

ちょっと前に、「大阪都構想」が議論されましたが、首都圏直下型地震や富士山噴火のことを考えると、いざというときのために、京阪神がスーパーサブとして日本のバックアップ機能を持っておくのはとても大事なことなのかもしれません。

何より「けったいな」というのは、簡単に迎合しないオリジナリティと強い精神性を併せ持っていることも表しています。もしかしたら、今の日本に最も必要なものを京阪神人は持っているのかもしれないのです。

末筆になりましたが、この機会をつくって頂いたワニブックスの小島さんをはじめ、大阪の岡田実さん、新谷真希さん、山本朋樹さん、西川敦子さん、熊田壮一郎さん、また、大阪、京都、神戸の地元の方々のご協力、誠にありがとうございました。紙面をお借りして御礼申し上げます。

２０１７年10月吉日　（株）ナンバーワン戦略研究所　矢野新一

《主な参考文献・サイト》

空中散歩　日本の旅
郷土資料辞典（編　人文社観光と旅編集室／人文社）
日本大百科全書（ニッポニカ／小学館）
日本経済新聞
京都新聞
史跡写真紀行
神戸公式観光サイト　Ｆｅｅｌ ＫＯＢＥ
神戸市
日本文化いろは事典
社団法人　日本酪農乳業協会　「牛乳百科事典」
日本紅茶協会
全国製麺協同組合連合会
京都?大阪?神戸?関西方言の５つの微妙な違い――大学生の困った解決マガジン

関西人でも兵庫人でもない「神戸人」。その見分け方&意外な風習とは?
Jタウンネット　兵庫県
©訪日外国人インバウンド観光マーケティング
©投信1「トウシンワン」―1からはじめる初心者にやさしい投資信託入門サイト
icotto(イコット)
株式会社ふるさと産直村
日本のソース『ウスターソース類』/独立行政法人農畜産業振興機構
日本経済新聞「食べ物新日本奇行」

ありえへん京阪神
それでも愛される、京都・大阪・神戸の〝けったい〟な面々

著者　矢野新一

２０１７年11月25日　初版発行

矢野新一（やの・しんいち）
昭和24年東京都生まれ。１９７１年専修大学を卒業（経営学・コンピューター専攻）。卒業後、市場調査機関（株）マーケティングセンターに入社。その後、（株）ランチェスターシステムズに入社。同社の故・田岡信夫氏の右腕として、企業の戦略導入に東奔西走、豊富な実務経験を活かし、独自の販売戦略を開発。数多くの企業を短期間に地域ナンバーワンとする。その後、（株）ナンバーワン戦略研究所を設立。エリアマーケティングの第一人者で、かつ県民性研究の第一人者。「県民性博士」とも呼ばれている。『名古屋はヤバイ』（小社刊）など、県民性に関する著作は22冊に上る。

発行者　横内正昭
編集人　岩尾雅彦
発行所　株式会社ワニブックス
〒１５０－８４８２
東京都渋谷区恵比寿４－４－９えびす大黒ビル
電話　０３－５４４９－２７１１（代表）
　　　０３－５４４９－２７１６（編集部）

装丁　橘田浩志（アティック）
帯デザイン　小口翔平＋山之口正和（tobufune）
構成　ふみぐら社
校正　玄冬書林
編集　小島一平（ワニブックス）

印刷所　凸版印刷株式会社
ＤＴＰ　有限会社　Sun Creative
製本所　ナショナル製本

ISBN 978-4-8470-6598-9
ワニブックスHP　http://www.wani.co.jp/
WANI BOOKOUT　http://www.wanibookout.com/